젠더와 권력 그리고 몸

페미니즘 총서 ❽

Gender · Power · Body

젠더와 권력 그리고 몸

송명희/여성연구회

푸른사상

■ 머리말

요즘 우리는 유사 이래 몸이 이처럼 중요한 화두가 되었던 때가 있었던가 하고 놀라움을 금할 수 없는 시대를 살아가고 있다. 성형이나 다이어트를 비롯한 몸 관리 산업은 날이 갈수록 몸집을 불려가고 있다. 그야말로 육체가 자본이 되는 연예인이나 운동선수뿐만 아니라 평범한 어린이나 주부들까지도 몸을 적극적으로 관리해야 하는 시대는 우리에게 어떤 메시지를 던져주는가.

이러한 시대의 분위기에 발맞추어 학문적으로도 포스트모더니즘 이후 몸이 중요한 담론으로 떠올라 몸에 관련된 다양한 이론들이 구성되고, 많은 책들이 출판되었다. 포스트모던 사회에서 인간의 몸은 더 이상 자연으로부터 주어지는 것, 생물학적 본질이 아니다. 몸은 다양한 사회적 힘과 연관되어 발달하는 사회적 구성체로서 미완의 실체이며, 사회적 불평등을 유지하는 데 필수적인 것으로 인식된다. 몸을 경제자본(돈, 재화, 용역), 문화자본(교육), 그리고 사회자본(사회구성원들의 재화와 용역을 상호간에 연결해주는 사회적 관계망)과 함께 자본의 한 형태로 인식한 브르디외(Bourdieu)는 '육체자본'이라는 개념으로 몸을 상품화시키는 현대사회의 다양한 방법들에 대해서 검토한 바 있다.

몸이 화두가 된 시대를 맞아 몸과 정신의 이분법에서 해방되는 데리다적 해체를 우리는 꿈꾸었다. 하지만 아이러니하게도 우리의 몸은 이전에는 상상도 할 수 없는 억압 속에 놓이게 되었다. 성형산업, 다이어트산업, 스포츠·헬스산업 등 거대화된 전지구적 자본주의와 디지털영상매체가 만들어낸 이미지에 지배당하는 시대에 우리의 몸은 각종 표준화된 수치에 자신을 강박적으로 맞추어야 한다. 시대가 시대이니만큼 취업시장과 결혼시장에 값비싼 상품, 매혹적인 상품으로 자신을 팔기 위해서는 너도나도 다양한 몸만들기 프로젝트에 자신을 내맡기지 않으면 안 된다. 육체가 자본인 시대이니, 누가 그것을 나무랄 것인가?

이 책은 몸이 억압받고 있는 현상을 영화와 소설이라는 허구적 서사와 구체적 현실에서 찾아내 페미니즘의 시각에서 분석하고 있다. 분석 대상이 된 작품은 영화에 김기덕의 〈시간〉, 박찬욱의 〈친절한 금자씨〉, 소설에 김훈의 「화장」, 「언니의 폐경」, 김승희의 「진흙 파이를 굽는 시간」, 최윤의 『마네킹』 등 최근의 문제작들이다. 이밖에 현실로 눈을 돌려 몸 관리 메커니즘을 분석한 글과 여성의 브래지어 착용에 작용하는 억압을 분석한 글도 있다.

송명희의 「변화와 비가역성」은 김기덕의 열세 번째 영화 〈시간〉이 몸과 시간과 관계의 비가역성을 영상언어로 보여주고 있다고 지적한다. 성형이 만연된 오늘의 세태를 비꼬며, 성형이라는 폭력의 이면에 작용하는 복잡한 의미망을 통해서 현대인의 일그러진 자화상을 그려내는 이 영화에서

여주인공은 연인 사이의 권태를 벗어나려고 성형을 시도하지만 그것은 자신의 주체적 가치판단이 아니라 어디까지나 남성의 설계나 시선, 그리고 환상을 내면화한 것일 뿐이기에 이 도전은 결국 실패한다. 영화〈시간〉의 인물을 비롯하여 현대인에게 몸은 인격을 가진 실체가 아니라 끝없이 소비되는 이미지, 환영일 뿐이며, 이미지 자체가 오히려 본질이 되어버린다. 남겨진 것은 두 개로 분열된 자아, 정체성의 혼란뿐이다.

정진경의「남성의 탈을 쓴 여성주의, 도구화된 몸」은 미디어 중독 사회에서 여자들에 대한 재현이 모순과 딜레마로 가득 차 있음에 주목하여 영화〈친절한 금자씨〉를 중심으로 남성 헤게모니가 여성들의 몸과 인식에 어떻게 작용하고 있는지 고찰하고 있다. 정진경은 이 영화가 역설적인 제목만큼이나 철저하게 이중적인 알레고리로 설정되어 있으며, 여성의 몸에 남성의 탈을 씌운 복장도착 현상과 남성적 헤게모니가 형성한 모성 이데올로기를 강요하는 작품으로 파악한다. 부정적인 이미지가 형상화된 여성의 몸이 불평등한 가부장적 문화 속에서 남성 시선의 수동적 대상의 위치에 놓여 있으며, 가부장적 이데올로기의 억압이 여성의 몸을 유린하고 있다고 지적한다.

송연주의「김훈의「화장」에 나타난 몸과 죽음의 양상 읽기」는 '몸'과 '죽음'의 담론을 주제로 하여 작품 읽기를 시도하고 있다. 송연주는 김훈의 소설에서 '죽어가는 몸'과 '살아있는 몸'의 대립, 죽음과 삶에 대한 인식론적 '무거움'과 '가벼움'이라는 대립적 의미망을 구조화한다. 화장

(化粧)과 화장(火葬)이라는 중의적 의미를 내포하고 있는 제목에서부터 휴대폰이나 색채상징과 같은 세부적인 디테일까지 '몸의 소멸과 죽음'이라는 주제를 창출해 내는 요소로 사용하고 있는 이 소설에서 작가는 처음부터 끝까지 다양한 방식으로 변주해 가면서 독자에게 생의 가벼움과 무거움을 질문하고 있다고 지적한다.

황경숙의「문학의 지향과 몸에 관한 고찰」은 남성 작가가 여성의 몸을 어떻게 서술하고 있는지 김훈의「언니의 폐경」을 중심으로 파악한 결과, 작품에서 통합적 세계관 지향에 역행하고 있는 서사들을 일부 발견하고 있다. 황경숙은 남성작가가 구현한 여성화자의 모습에는 분명 그 한계가 있음을 문제점으로 제시한다. 서사에서 지배적 주체인 남성은 몸 그 자체로 가치를 지닌 존재이지만 여성은 주체에 의해 보여지는 이미지로 재단되고 있음을 지적하고 있다.

이은실의「파편화된 현실과 훼손되는 몸」은 김승희의「진흙 파이를 굽는 시간」이 파편화된 현실에서 여성들의 몸이 훼손되어 가는 양상을 극명하게 드러내고 있다고 파악한다. 이은실은 허위의식과 가부장적 관습의 잔재와 성의 상품화에 의해 훼손되어가는 여성의 몸을 등장인물을 중심으로 하여 '허위의식이 팽배한 현실에서 상처받는 몸, 가부장적 관습 속에서 훼손되는 몸, 살아있는 인형으로 왜곡되는 몸'이라는 세 가지 몸의 양상이 나타나는 것으로 제시하고 있다.

정미숙은 「웃음과 출구」에서 병폐적인 현대 소비사회를 우화적으로 그려내고 있는 작품으로 최윤의 『마네킹』에 주목한다. '마네킹'은 주체의식과 생명성을 상실하고 소모적이거나 도구적인 대상으로 전락한, 소비사회를 사는 현대인의 은유이다. 정미숙은 이 소설이 자본의 교환논리에 따라 움직이는 후기 산업사회의 병폐적 관계를 막을 수 있는 대안을 여성의 진정한 아름다움과 사랑, 그리고 이 모든 것을 함축하는 모성의 논리에서 찾고 있다고 파악한다. 소비사회를 넘어설 수 있는 주체성을 견지하고 지혜를 모색해야 하는 숭고한 임무는 근대 이후 '소비'와 '양육'의 주체인 동시에 보여지는 세상에 훈육된 마네킹의 적자(嫡子)인 '여성'의 몫임을 지적하고 있다.

한옥선의 「몸 관리 프로젝트」는 몸 가꾸기가 일상화되고 프로젝트화되는 사회적 현상이 상당 부분 몸 관리 산업들에 의해서 조장된다는 문제의식에서 출발하고 있다. 한옥선은 다이어트와 성형에 초점을 맞춰 서구와 국내의 이론을 검토하고 있으며 90년대를 전후한 몸 관리 메커니즘을 살피고 있다. 현대 사회에서 인간의 몸이 더 이상 본질적 속성을 지닌 자연적 실체가 아니라 시간과 금전을 투자해서 끊임없이 재구성하고 개조 가능한 대상으로 인식되고 있는 현상을 비판적 시각으로 짚어내고 있다.

최동수의 「브래지어의 여성의 몸에 대한 억압성」은 여성의 획일적인 브래지어 착용현상을 사회적 젠더에 의한 여성 억압적 측면에서 논의하고 있다. 여성의 브래지어 착용이 건강에 많은 해악을 끼치며, 그 효용 역시 논쟁거리가 되고 있음에도 불구하고 여성들이 브래지어를 착용할 수밖에 없도록 만드는 것은 정숙한 여성을 강요하고 그것을 공고히 하는 사회화 과정과 아름다운 몸매의 여성만을 요구하는 기형적인 사회논리가 원인인 것으로 파악한다.

체계화된 이론과 학문적 깊이를 갖춘 글들은 아니지만 우리의 몸을 지배하는 보이지 않는 억압의 메커니즘을 밝혀 독자들과 공유하고 싶은 바람에서 책을 펴내게 되었다. 많은 질정을 바란다.
  그리고 항상 멋진 책을 만들어주시는 푸른사상의 한봉숙 사장님과 편집진의 노고에 감사의 말씀을 드린다.

2007년 8월 뜨거운 여름을 보내며
송명희

■ 머리말 5

변화와 비가역성　　송명희　13
  - 김기덕의 〈시간〉론
남성의 탈을 쓴 여성주의, 도구화된 몸　　정진경　29
  - 영화 〈친절한 금자씨〉를 중심으로
김훈의 「화장」에 나타난 몸과 죽음의 양상 읽기　　송연주　51
문학의 지향과 몸에 관한 고찰　　황경숙　77
  - 김훈의 「언니의 폐경」을 중심으로
파편화된 현실에서 훼손되는 몸　　이은실　95
  - 김승희의 「진흙 파이를 굽는 시간」을 중심으로
웃음과 출구　　정미숙　121
  - 최윤의 『마네킹』
몸 관리 프로젝트　　한옥선　145
  - 다이어트와 성형을 중심으로
브래지어의 여성의 몸에 대한 억압성　　최동수　173

변화와 비가역성
- 김기덕의 〈시간〉론

송명희

변화와 비가역성
― 김기덕의 〈시간〉론

송 명 희

1. 새로움 그리고 돌아갈 수 없는 것

'비가역성'이란 변화를 일으킨 물질이 본디의 상태로 돌아오지 아니하는 성질을 말한다. 본디의 상태로 돌아갈 수 없는 비가역성은 비단 가시적인 물질세계에서만 일어나는 일은 아니다. 시간이나 사랑과 같은 인간의 감정, 그리고 인간관계와 같은 불가시적인 경우도 한번 지나가거나 변화하면 돌이킬 수 없다. 김기덕의 열세 번째 영화 〈시간〉은 바로 몸과 시간과 관계의 비가역성을 다루고 있다.

새로움을 찾는 것은 본능이다
시간을 견디는 것이 인간이다.
반복 안에서 새로움을 찾는 것이 사랑이다.
……시간 속에서 영원한 것이 없다는 것을 깨닫는 것이 인생이다.

여기 죽도록 사랑하는 연인이 있다……
그러나 오랜 만남으로 사랑이 식은 것이 아니라
설렘이 식었고 몸이 식었고 열정이 식었고 그리움이 식었다
나는 이 연인에게 한 가지 문제를 던진다
말도 안 되는……

- 김기덕

    영화의 포스터에는 누워 있는 남자형상의 조각 옆에 여자(성현아)가 잠들어 있다. 그리고 "그대의 어디를 움켜쥐어 잠시 멈추어 있게 할 수 있을까"라는 글귀가 적혀 있다. 이 영화에서 김기덕 감독은 흘러가는 시간 속에서 변화하는 사랑의 감정을 영원히 붙잡아 두고 싶은 인간의 욕망을 표현한 것일까.
    〈시간〉은 그러한 욕망을 달성하기 위해 얼굴을 바꾸는 끔찍한 성형수술도 감행하며 남자로부터 완전히 잠적해버린 후 6개월 만에 새로운 얼굴, 그리고 새로운 이름으로 나타나는 여자의 이야기이다. 이 6개월은 성형수술이 완전히 정상으로 자리 잡는 데 필요한 시간이다.
    새로워진 새희는 다시 남자친구 지우의 관심을 얻는 데 성공한다. 그들의 첫 번째 관계 후에 새희는 "어땠어요?"라고 묻고 남자는 "되게 새로웠어요. 이런 느낌 처음인 것 같아요."라고 대답한다. 하지만 사랑하냐는 질문에는 "아직 모르겠어요. 되게 좋아요."라고 대답을 유보한다. 남자는 잠들고, 여자는 "제 뜻대로 됐네요. 그런데 제가 행복해 보이나요? 그런데

이상하게 슬프네요. 가슴이 터질 것만 같아요."라며 자의식이 발동한다. 이 때 그녀는 관객을 향해 앉은 자세로 질문을 던짐으로써 감독의 의도를 보다 직접적으로 전달하고 있다. 그녀가 성형수술까지 해가며 그토록 열망하던 것을 얻은 절정의 순간이 충만한 상태가 아니라 슬프고 공허한 상태라니……. 이 장면은 라캉(J. Lacan)이 말했듯이 환희와 향유(jouissance)가 있어야 할 곳이 텅 빈 자리로 남겨지고, 결핍과 부재로서만 확인되는 욕망의 본질을 유감없이 보여주고 있다.

여자는 남자가 사랑하는 여자가 과거의 세희인지 아니면 현재의 새희인지 궁금해져 세희의 이름으로 남자에게 편지를 쓴다. 새희의 울부짖는 만류에도 불구하고 남자는 세희를 만나러 가겠다고 선언한다. 여자는 새희가 되어 한순간 충만한 사랑을 소유하는 듯하지만 남자가 세희를 만나러 떠나감으로써 곧 사랑은 어긋나고 미끄러진다. 남자의 앞에 새희는 세희의 가면(사진)을 쓰고 나타난다. 경악한 남자……. 결국 새로운 몸의 새희는 지우가 사랑했던 여자 세희의 대용품에 불과했던 것이다.

"세희 : 나 지겹지! 2년 동안 계속 보니까……."
"지우 : 말도 안 돼."
"세희 : 키우던 강아지도 지겨워서 딴 사람 줬잖아!"
"지우 : 사람하고 개하고 똑같냐?"

남자 친구 지우는 키우던 강아지는 지겹다고 다른 사람에게 줘버리지만 뜻밖에도 과거의 여자 세희를 잊지 못하며, 성적 만족과 사랑을 구분하는 보수적(?) 인물이었던 것이다. 하지만 새희의 얼굴(몸)은 이전의 세희가 될 수 없고, 지우와의 사랑의 감정과 관계도 과거로 돌이킬 수 없다는 냉엄한 현실을 그녀는 너무 늦게 깨닫게 된다.

2. 성형, 몸에 대한 폭력

이 영화의 첫 시퀀스(sequence)는 성형외과 수술실의 끔찍한 수술 장면으로부터 시작된다. 선이 그어지고, 째고, 잘리며, 삽입되고, 봉합되고, 주사되는 몸……. 영화 〈시간〉에서 보이는 피투성이 수술실의 충격적 영상은 성형이 인간의 신체에 가하는 끔직한 폭력이라는 것을 여러 차례 환기시킨다. 성형의 정체란 수술 전(before)-수술 후(after)의 모습이 대칭된 유혹적인 병원 문 너머 수술실에서 인간의 몸에 가해지는 폭력이라는 것을 감독은 영상언어로 분명히 말하고 있다.

그간 살인, 강간, 구타, 학대, 착취, 매춘, 원조교제, 아동의 약취유인 등의 갖가지 폭력적이고 일탈적인 코드들이 지배하는 영화 세계를 그려온 김기덕 감독은 〈시간〉에서 성형이란 폭력 항을 새롭게 추가하고 있다. 〈시간〉을 만든 감독의 문제의식은 자못 진지하고 무거워 보인다. 영화는 성형이 광범위하게 만연된 오늘의 세태를 비꼬며, 이 성형이라는 폭력의 이면에 작용하는 복잡한 의미작용을 통해서 현대인의 일그러진 자화상을 그려낸다.

전통적으로 우리는 "신체발부는 수지부모요 불감훼상이 효지시야(身體髮膚 受之父母 不敢毀傷 孝之始也)"라는 공자님의 말씀을 금과옥조로 여기며 살아왔다. 몸은 부모님으로부터 물려받은 것으로, 이 주어진 몸을 훼손하는 것을 최대의 불효요 악덕으로 여겼던 것이다.

그런데 영화 〈시간〉의 인물들은 가족들과 함께 살지 않는다. 그들은 가족들로부터 독립하여 원룸에서 혼자 살며, 이성의 파트너가 있고, 프리섹스를 즐긴다. 그들은 결혼 같은 것에도 그리 관심을 두지 않는다. 전통적인 가족관과 몸 개념이 이들에게 통용될 리 만무하다.

포스트모던 사회에서 사람의 몸은 더 이상 자연으로부터 주어지는 것, 생물학적 본질이 아니다. 몸은 다양한 사회적 힘과 연관되어 발달하는 사회적 구성체로서 미완의 실체이며, 사회적 불평등을 유지하는 데 필수적인 것으로 인식된다. 몸을 경제자본(돈, 재화, 용역), 문화자본(교육), 그리고 사회자본(사회구성원들의 재화와 용역을 상호간에 연결해 주는 사회적 관계망)과 함께 자본의 한 형태로 인식한 브르디외(Bourdieu)는 육체자본이라는 개념으로 몸을 상품화시키는 현대사회의 다양한 방법들에 대해서 검토한 바 있다.

현대사회에서 몸은 정말 변화 가능한 것이 되었으며, 개인이 자신의 몸을 디자인하는 책임을 지게 되었다. 최근 우리나라는 몸짱, 얼짱이라는 신조어가 생겨났는가 하면 성형에 대한 사회적 인식도 과거와는 크게 달라지고 있다. 더 이상 성형은 소수의 유명배우나 탤런트, 모델, 부자들만의 전유물이 아니다. 또 감추고 숨겨야 할 부끄러운 일도 아니다. 이제 성형을 했다는 사실을 당당하게 드러내놓고 시인할 만큼 성형은 남녀노소를 불문하는 보편적 현상이 되었다. 우리나라는 미용성형이 세계 최대로 산업화된 나라가 되었고, 외신은 이를 빈정거린다. 하지만 이미 거대해진 성형산업은 젊음과 아름다움과 자신감을 심어준다는 이데올로기로 표준화되고 이상화된 몸으로의 완전한 변형을 유혹하며 공격적인 마케팅을 시도한다. 실제로 결혼시장과 취업시장에서 보다 더 교환가치가 높은 상품으로 자신을 팔고자 하는 고객들의 현실적 욕구와 부응함으로써 성형은 가속적으로 성행되어간다.

카페에서 무의식적으로 다른 여자들에게 자꾸만 눈길을 보내는 지우에게 신경질적으로 화를 내던 세희는 집으로 찾아온 지우에게 "지루하게 똑같은 모습이라서 미안해", "맨날 똑같은 몸이라서 미안해", "맨날 똑같은 얼굴이라서 미안해"를 연발한다. 그리고 지우와의 섹스가 그녀의 적극적 애무에도 여의치 않자 카페에서 만났던 여자를 떠올리며 하라고 말한다. 비로소 관계가 이루어진 다음 세희는 그 여자를 떠올렸느냐고 물으며 다시 화를 내고……

지우와 사귄 지 2년이 된 세희는 자신의 똑같은 모습, 몸, 얼굴 때문에 둘 사이의 섹스가 지루해지고 감동이 없이 일상화되어진 것이라고 생각한다. 연인 사이의 관계에서 몸의 설렘은 시간이 경과함에 따라 감소한다. 즉 상대방으로 하여금 전혀 성적 자극을 못 느끼도록 육체적 매력이 줄어들어 무감동한 몸이 되고 마는 것이다. 이것은 남녀가 마찬가지이다. 남자만 여자의 몸에 대해서 무감동을 느끼는 것이 아니라 여자도 마찬가지인 것이다.

그런데 영화 〈시간〉에서는 여자만이 변화 없는 모습, 몸, 얼굴이라서 미안하다고 남자에게 말한다. 왜 여자만이 미안해하며, 남자를 성적으로 자극하기 위해 노력을 기울여야 하는가? 그리고 성형수술을 통해서 일상화된 관계를 벗어나야 하고, 둘 사이의 관계가 변할지도 모른다는 불안감에 시달려야 하는가. 왜 여성만이 남성의 성적 쾌락과 만족을 위해서 봉사하는 존재로 묘사되어야 하는가.

여기에서 영화 〈시간〉 역시 남성중심적 가치가 내재되어 있다는 혐의를 벗어날 길이 없어진다. 김기덕의 영화들이 표현하고 있는 남성중심적 가치와 시선은 늘 페미니스트들의 공격을 받아왔다. 이번 영화는 이 점을 피해 가는가 싶었는데, 이 대목에서 복병처럼 숨어 있다가 얼굴을 든다. 하지만 이 영화는 기존의 김기덕 영화가 보여주던 가학적 남성-피학적 여성이라는 인물의 공식과는 멀리 떨어져 있다는 점에서 차이를 나타낸다.

세희가 찾아간 성형외과 의사(김성민)는 성형수술을 한다고 할지라도 지금보다 더 예뻐질 수 없다고 말하며, 성형수술 과정을 담은 끔찍한 동영상을 보여준다. 그리고 한번 수술을 하게 되면 "다시는 자신의 모습을 찾지 못해요"라고 확실하게 알려준다. 즉 성형수술이 얼마나 고통스러우며, 더 중요한 것은 수술 이전의 모습으로 결코 돌아갈 수 없다는 점을 분명히 한다.

성형수술이 인간에게 몸에 대한 스스로의 지배력을 부여한 것처럼 보이게 하지만 그것은 시간의 비가역성을 초월하여 얼마든지 원하는 대로 변화 가능한 무소불위의 영역은 아니다. 영화 속의 의사의 말대로 부모조차 알아볼 수 없도록 만들 수는 있지만 변형 이전의 상태로 되돌릴 수는 없는 것이다. 그럼에도 그녀는 "새로울 수 있다면 참아야죠"라고 말한다. 보통 성형수술을 하려는 여자들은 "아름다워질 수 있다면 참아야죠"라고 말했을 것이다. 이 차이에 주목할 필요가 있다.

그런데 정작 지우가 사랑한 것이 현재의 새로워진 새희가 아니라 과거의 세희였다니……. 사실 지우는 세희를 지켜워하며 변화된 세희를 욕망하지만 정작 세희가 사라지자 이제는 과거의 세희를 욕망한다. 하지만 새희는 세희로 되돌아갈 수 없다. 몸의 비가역성 때문이다. 이 때 그녀가 할 수 있는 일은 세희라는 실체 대신에 세희의 사진(허상, 이미지)으로 만든 가면을 쓸 수밖에 없는 것이다. 그가 사랑한 세희가 더 이상 지상에 존재하지 않는다는 절망감에 뛰쳐나간 지우는 세상의 누구도 알아볼 수 없도록 자신도 성형수술을 해버린다. 성형수술로 자신의 사랑을 배반한 세희에 대한 처절한 복수인 것이다. 지우가 어떤 모습으로 바뀌었는지 알 수 없는 그녀는 계속 지우를 찾아 여러 남자들을 만나며 방황하다 지우로 생각되는 한 남자를 쫓아가지만 그는 교통사고로 즉사한다. 남자의 죽음으로 영원히 둘 사이의 관계는 복원할 길이 차단된 것이다.

미친 듯이 울부짖던 새희는 다시 성형외과를 찾아가서 이 세상의 누구도 자신을 알아볼 수 없도록 다시 성형수술을 해달라고 주문한다. 마치 성형만이 구원이라는 듯이…….

영화의 마지막 장면은 성형수술을 마친 여자가 엉망으로 흐트러진 자신의 이전 얼굴(성현아) 사진을 들고 병원의 문을 열고 나오다가 세희(박지연)와 부딪치는 처음 장면이 반복된다. 선글라스와 마스크로 얼굴을 가리고 병원을 나오는 이 장면의 반복은 성형중독에 빠져 끊임없이 새로움이라는 욕망을 반복하는 주체성을 상실한(얼굴 없는) 존재를 드러낸 것으로 해석된다.

　마치 사이보그의 부품을 갈아 끼우듯이 현대인은 자신을 수선해야 할 존재로 물화시키며 성형을 반복한다. 그들은 사랑이 권태로울 때에도 성형을 시도하고, 사랑하는 대상을 잃고 절망하는 자신이 견딜 수 없어도 성형을 하고, 성형수술로 자신의 사랑을 배반한 상대방에게 복수하기 위해서도 성형을 한다. 이 때 몸은 인격을 가진 실체가 아니라 끝없이 소비되는 이미지, 환영이다.

　지우는 세희를 수술한 성형외과 의사를 찾아가 술을 마시며 왜 수술을 해주었느냐고 따지며 몸싸움을 벌이는데, 의사는 네 부모도 알아볼 수 없도록 너를 바꾸어버릴 수 있다고 으름장을 놓는다. 그렇다. 성형외과 의사야말로 성형을 원하는 사람에게는 그에게 몸을 준 부모보다도 더한 권력을 행사할 수 있는 존재이다. 몸을 주문하는 대로 바꾸어줄 수 있는 신과 같은 권력자인 것이다. 영화에서 세희는 여기저기서 오려낸 눈, 코, 입술이 몽타주 된 사진을 들고 병원을 찾아간다. 의사는 주문된 얼굴대로 만들어내는 다름 아닌 창조자다.

　의학기술이 신의 영역에 도전하는 시대에 인간은 더 이상 신의 피조물이거나 부모로부터 몸을 물려받은 자연적 존재가 아니다. 인간의 몸은 타고나는 것이 아니라 얼마든지 인위적으로 변형 가능한 것이 되었고, 몸에 대한 권리도 신이나 부모가 아니라 개인에게 주어졌다. 그리고 그 권리는 개인이 가진 경제적 능력에 비례할 뿐만 아니라 그것에 지배당하는 시대가 되었다. 그러나 자신의 몸을 다르게 변형시킬 수 있는 권리, 몸에 대한 지배가 개인에게 주어진다는 것이 과연 개인의 몸에 대한 권리의 진정한 신장인 것일까? 그것은 다름 아닌 몸의 물신화, 상품화, 대상화는 아닌가.

　개인이 자신의 몸을 스스로 통제하게 됨으로써 소위 몸 프로젝트는 각종 스포츠, 헬스, 다이어트, 나아가 성형수술에 이르기까지 다양하게 이루어진다. 그리고 생물학적 복제, 유전공학, 스포츠과학, 성형수술과 같은 다양한 분야의 발전으로 인해 몸은 점점 취사선택적인 것이 되어간다. 과학기술의 눈부신 발전으로 인해 많은 사람들이 자신의 몸을 지배하게 되고, 다른 사람들로 하여금 자신의 몸을 지배하게 할 수 있는 가능성도 커지고 있다. 대중매체는 몸의 이미지, 성형수술, 육체를 젊고 섹시하고 아름답게 유지할 수 있는 방법론에 대한 기사와 프로그램으로 가득하다. 과학과 기술에 의한 몸의 개조를 어느 정도까지 허용해야 하는가에 대한 사회적 합의나 도덕적 가치판단은 아직 도출되지 않았지만 성형의 현실은 이를 훨씬 앞질러 나가고 있다.

몸 프로젝트는 많은 경우에 자신의 건강과 미적 만족을 위한 프로젝트가 아니라 남에게 잘 보이기 위해 이루어진다. 즉 취업시장과 결혼시장에서 자신을 보다 더 잘 팔리는 상품, 매혹적인 존재로 내보이기 위해 수행된다. 육체가 자본이니, 그것의 교환가치를 극대화하기 위해 투자되는 프로젝트이다.

세희는 남자친구에게 새로운 성적 매력을 환기하기 위해 식이요법, 몸매 가꾸기 같은 차원이 아니라 성형수술로 완전 변형을 감행했다. 성형은 운동을 하고 다이어트를 하는 것과는 차원이 다른 프로젝트이다. 막대한 시간과 돈과 고통이 투자되어야 이루어지는 외모에 대한 완전한 변형인 것이다.

몸 프로젝트는 건강한 몸에서 아름다운 몸으로, 이제는 새롭게 변화된 몸으로 바뀌고 있다. 〈시간〉의 세희가 바로 그런 인물이다. 연인 사이의 권태를 벗어나게 하는 것은 새롭게 변화된 몸이라는 가치판단이 작용한 것이다. 하지만 그것이 정말 그녀 자신의 주체적 가치판단인 것일까? 그것은 어디까지나 남성의 설계나 시선, 그리고 환상을 내면화한 것일 뿐이다. 즉 남성권력이 지배하는 가부장사회의 가치와 질서에 자신도 모르게 길들여진 탓이다. 실제 영화에서도 세희의 성형 결정은 카페에서 다른 여자들을 힐끔거리는 남자의 태도 탓이며, 그녀의 몸에 반응하지 않는 남자의 몸 때문이지 않은가.

　미용성형의 관행은 여성미를 둘러싼 문화적 강요를 강화한다. 성형의 이면에는 몸에 칼을 대고, 살을 에고, 뼈를 깎는 육체적 정신적 부담과 원하지 않는 결과에 대한 위험성과 불만, 심지어는 생명을 잃는 경우까지도 있다. 그리고 엄청난 경제적 부담을 안겨줌은 물론이다. 이처럼 육체적 정신적 경제적 대가를 치러가면서도 여성들이 성형에 빠져드는 것은 여성을 대상화, 상품화, 물신화하는 남성지배의 문화 속에서 여성들이 아름다운 몸에 대한 강박증에 사로잡혀 있다는 것을 의미한다. 성형을 선택하는 것은 개인의 자유로운 의사인 듯 보이지만 개인은 문화적 강요와 강박으로부터 결코 자유롭지 못한 존재이다.

3. 정체성의 부정 또는 유목민적 주체

　〈시간〉에는 세희가 몇 차례나 얼굴을 가리는 장면이 나온다. 얼굴을 가린다는 것은 자기정체성에 대한 부정이다. 자신의 얼굴이 싫어서 세희는 침대시트로 얼굴을 가리고, 수술한 세희는 새희가 되기 전까지 선글라스와 마스크로 얼굴을 가리고, 지우가 사랑한 여자가 새희가 아니라 세희라는 것을 깨달았기 때문에 그녀는 세희의 사진으로 새희의 얼굴을 가린다. 즉 세희를 부정하며 새희가 되었다가 다시 새희를 부정하며 세희가 되고자 한다.

　새로워지기 위해서 첫 번째 수술을 한 세희는 새로운 세희(새희)가 되고, 두 번째 수술을 한 새희는 다시 또다른 세희가 된다. 세희라는 정체성은 고정되어 있지 않고 변화한다. 영화는 성형외과 병원을 나서는 여자(성현아)에게 세희(박지연)가 부딪쳐서 여자가 들고 나오던 수술 전의 사진이 든 액자가 깨어지는 것으로 설정하고 있다. 그리고 여자는 사진을 돌려받지 않고 떠나간다. 수술 후 새로운 이미지로 새롭게 태어나기 위해서는 반드시 수술 이전의 과거의 이미지는 깨어지고 버려지고 부정되어야 한다. 깨어지고 버려진 것은 사진틀이 아니라 과거의 이미지이다. 이것이 사진틀의 깨어짐의 은유적 의미이고, 성형의 최종적인 목표이다.

성형은 기존의 자신의 모습, 얼굴, 몸을 부정하고 바꾸어버림으로써 고정된 주체가 아니라 유동적 주체이며 복수의 주체를 표현한다. 끊임없는 정체성 재가공과 주체성 재구성이야말로 우리 시대의 핵심적 과제이다. 들뢰즈가 말한 노마디즘(nomadism)은 기존의 가치와 삶의 방식을 부정하고 불모지로 옮겨 다니며 새로운 것을 창조하는 일체의 방식을 의미한다. 성형도 특정의 모습에 자신을 고정시키지 않고 끊임없이 자신을 부정하고 바꾸어간다는 의미에서는 노마디즘이라고 말할 수 있을 것인가.

영화〈시간〉의 인물을 비롯하여 현대인들은 겉으로 보여지는 몸, 즉 이미지에 집착한다. 이미지가 본질을 압도할 뿐만 아니라 이미지 자체가 본질이 된다. 내면을 앞지르며 표면, 아니 표피적인 것이 승리를 거둔다. 멀티미디어 시대의 피할 수 없는 운명이다.

상품의 모델만을 바꾸어 상품판매를 극대화하는 전지구적 자본주의는 차이를 증폭시킴으로써 시장을 확대하고 끝없이 이윤을 창출한다. 끊임없이 새롭고 다르게 보이는 정체성(주체성)을 매혹적인 상품으로 가공하는 것이다. 소비자들은 새로움에 현혹되어 이 은폐된 기제에 조종당하는 줄도 모르고 소비를 반복한다. 끊임없이 다른 것이 되라는 강요된 욕망을 재발명 또는 재생산하는 상품의 논리가 사람에게도 그대로 적용되고 있다. 성형이 바로 그것이다.

성형시장에서 여성은 소비자가 되어 자신의 얼굴과 몸을 표준화되고 이상화된 미의 목표를 구현하는 대상으로 물화하고, 변신에 대한 끊임없는 집착과 노력을 강요받는다. 사람의 몸, 얼굴, 모습마저도 인위적으로 디자인(성형수술)되어 소비되는 시대, 몸이 개인의 정체성과 가치를 표현하는 수단으로 부각되는 시대가 되어버렸다. 당연히 육체는 자본화되고 외모지상주의(lookism)가 판을 친다. 젊고 잘 가꿔진 육감적인 육체에 전례 없는 선망과 찬사를 보내는 시대에 자아를 상징하는 것은 인간의 내면과 정신이 아니라 외적 영역, 즉 몸의 표면이다. 몸의 외면은 표준화에 맞춰 변형되고, 이것이 만들어내는 이미지의 소비는 반복된다. 그러니 낡은 이미지는 새로운 이미지로 새롭게 바뀌어야만 가치를 획득한다. 그래서 성형중독은 일어난다.

세희는 자신의 낡은 이미지를 버리고 새로운 정체성을 갖기 위해 성형수술을 감행했다. 성형수술로 세희의 얼굴과 몸은 변했지만 바뀐 것은 얼굴과 몸일 뿐 세희의 내면과 기억은 그대로 새희에게 이어지고 있는데도, 세희와 새희는 두 개의 자아로 분열되어 서로 다른 정체성을 구성하며, 현재의 새희는 과거의 세희를 질투한다.

성형수술은 새롭고 매력적인 외모를 선사했는지 모르지만 남자친구는 바뀐 그녀를 떠나가고 남겨진 것은 두 개로 분열된 자아, 정체성의 혼란뿐이다. 세희와 새희를 연출하는 복수의 주체는 창조적 노마디즘이 아니라 끝없이 차연을 헤매는 오로지 과정만이 있는 주체, 자신이 타자인 것도 모르는 채 부유하는 꼭두각시에 불과하다.

4. 시간과 욕망

사랑은 변하지 말아야 하지만 몸은 변해야 한다는 딜레마에서 그녀가 선택하는 것이 성형수술이다. 사랑이라는 지속되어야 할 가치 속에서 시간이라는 변수는 몸의 설렘을 무디게 만들었고, 여자는 성형으로 이에 도전한다. 이 도전은 성공하는 듯이 보이지만 결국 실패한다. 남자친구가 과거 세희와의 사랑을 잊지 못했던 것이다.

라캉에 의하면 성적 파트너는 지속된 열정 이후에는 욕망의 대상이라기보다는 애정의 대상이 된다. 그래서 다른 대상을 찾아 옮아가고 순환은 반복된다. 따라서 완전한 사랑은 S이며, S', S'', S'''라는 대상을 찾아 끝없이 미끄러지는 재현불가능성을 보여준다는 점에서 욕망의 환유적 연쇄인

$◇a이다.

　세희는 남자친구와의 충만한 사랑을 욕망하며 성형수술을 하지만 새로워진 그녀가 얻게 된 것은 일시적인 성적 욕구의 충족일 뿐 사랑이라는 욕망은 영원히 충족되지 못한 채 지연된다. 결국 라캉이 말한 대로 "사랑의 관계는 요구와 욕망 사이에서 해결될 수 없는 긴장관계를 내포"할 뿐이다. 인간은 그것이 사랑이든 무엇이든 결핍된 통일성과 전체성을 동경하면서도, 이를 영원히 달성할 수 없는 상실의 존재, 상실된 통일성을 회복하려는 끊임없는 욕망에 사로잡힌 결핍의 존재일 뿐인 것이다.

　욕망이란 사다리를 타고 올라가 보아야 그것은 끝이 없다. 모도(인천광역시 옹진군)의 바다를 배경으로 한 조각공원에서 여자(세희 또는 새희)와 남자가 올라가 앉았던 손가락 모양의 사다리(층계)가 끝도 없이 허공을 향하고 있는 것과 마찬가지인 것이다. 욕망은 붙잡을 수 없고 허망한 것이다. 바닷물의 출렁임과 밀물과 썰물의 반복은 시간 속에서 끝없이 욕망하고 결핍에 시달리며, 욕망의 회로를 빠져나오지 못하는 사랑에 빠진 연인에 대한 상징이다.

남성의 탈을 쓴 여성주의, 도구화된 몸
- 영화 〈친절한 금자씨〉를 중심으로

정진경

남성의 탈을 쓴 여성주의, 도구화된 몸
– 영화 〈친절한 금자씨〉를 중심으로

정 진 경

1. 서론

　인간에게 몸은 삶을 존재하게 하는 근원이다. 18세기 이전에는 몸에 관한 의식이 인간 자체의 생물학적 차원으로만 인식하였지만, 사회가 발달하고 분화되면서 여성의 몸은 문화적 영역을 차지하고 있는 남성에 비해 열등한 존재로 인식하게 되었다. 그러나 몸 담론이 사회적, 학문적 쟁점으로까지 떠오르면서 몸은 단지 성별의 차이를 구분하는 개념이 아닌 사회구성적인 차원의 담론과 개인의 삶에 영향을 주는 정체성과 가치의 표현 수단으로까지 확산되었다.

　특히, 몸과 연결되는 자아성찰적(reflctive) 방식은 후기근대사회를 규정짓는 특징 중의 하나이다. 젊고 잘 가꾸어진 육감적인 육체에 전례 없는 가치를 두는 시대에서 자아를 상징하는 것은 바로 몸의 외적 영역, 표면이

---
1) 크리스 쉴링, 임인숙 역, 『몸의 사회학』, 나남출판, 1993, pp.21-22.

다.[1] 특히, 임신, 출산 및 월경과 같은 자연적 주기에 의해 변하던 여성의 체현(體現)상태가 과학의 발달로 통제할 수 있게 되었고, 여성들의 의식 또한 출산과 섹슈얼리티(sexuality)에서 벗어나 남성들이 독점하였던 문화 영역에 참여함으로써 정체성과 자아표현의 중요성을 인식하게 되었다.

관습을 무력화시키고, 개인의 습관의 장벽을 무너뜨려 새로운 이데올로기를 양산하여 또 다른 사회질서를 유지시키려고 하는 후기 자본주의 사회의 기업들과 대중매체[2]들이 이런 현상을 좌시할 리가 없다. 광고, 텔레비전, 영화, 게임 등 문화가 시각화되면서 대중매체들은 현대 여성들의 몸 프로젝트에 주도적 역할을 하였다.

우리 문화에서 자주 '이미지화' 되는 것은 여성들의 몸이다. 여성주의 평론가 등에 의하면 미디어 중독 사회에서 여자들에 대한 재현이 모순과 딜레마로 가득 차 있다고 주장한다. 스펙터클의 사회에서 여자들의 몸이야말로 재현이 일어나는 스펙터클의 대상이 된다. 즉 "여성들의 몸은 성차를 드러내는 부정적 형태, 물신화된 스펙터클 또는 반영적 이미지로 재현된다……여자들은 거울을 든 남자들에게 보여지는 재현의 대상이다." 이러한 주장은 포르노에서 시각적으로 명백하게 확인될 뿐만 아니라 별로 해가 되지 않아 보이는 광고 이미지나 텔레비전의 주말영화에서도 확인된다. 여성의 육체는 자동차, 맥주, 그리고 세제와 함께 팔린다. 여성의 삶과 사랑은 일일 드라마의 환상으로 팔리고 여성의 공포와 나약함은 초대형 액션 영화를 위해 팔려나간다.[3]

여성의 감각적이고 아름다운 몸을 이미지화 하는 데는 두 가지의 의도가 있다. 하나는 대중매체를 주도하는 것이 남성이기 때문에 의식 형성 산업의 남성 헤게모니와 생산된 이미지의 성차별적 내용과의 관련성을[4] 남

---

2) 스튜어트 유엔, 최현철 역, 『광고와 대중소비문화』, 나남출판, 2003, p.26.
3) 수잔나 D. 월터스, 『이미지와 현실사이의 여성들』, 또하나의 문화, 1999, p.39.
4) 위의 책 p.55.

성의 욕망을 충족하는 형태로 이미지화 한다. 또 하나는, 미디어가 성차별적 사회와 남성 미디어 전문가들의 이해를 반영하는 거울로 이해된다. 그렇기 때문에 여성들은 가부장적인 제도권 안에서의 미(美)의 필요성과 자아를 표현하기 위한 수단으로서 몸을 변형하고자 하는 욕구를 갖는다. 성형에 대한 헤게모니는 이런 식으로 형성된다고 볼 수 있다.

여성의 몸에 대한 인식은 많이 개선되었지만 아직도 남성들이 주도권을 잡고 있는 우리 사회에서는 남성 헤게모니에 의해 여성 이미지와 몸이 표현된다. 이 글은 그런 여러 현상들 중에서 최근에 상영된 영화 〈친절한 금자씨〉를 통하여 남성 헤게모니가 여성의 몸에 대한 인식에 어떻게 작용되는지를 고찰하고자 한다.

이 영화는 겉으로 남성 권력을 무너뜨리는 여성의 통쾌한 복수극 같지만 역설적인 제목만큼이나 철저하게 이중적인 알레고리로 설정되어 있다. 여성에 관한 시선 또한 포스트페미니즘을 표방하는 것 같지만 그 이면을 들여다보면 여성의 몸에 남성의 탈을 씌운 복장도착 현상과 남성적 헤게모니가 형성한 모성 이데올로기를 강요함을 알 수 있다. 그리고 마지막으로 자신의 정체성을 숨기기 위해서 철저하게 친절한 금자가 된 그녀의 내면 연기를 사회학적인 관점에서 분석해 보고자 한다.

영화는 세계를 직접적인 혹은 매개적인 방식으로 기록하거나 반영할 때 그것은 어떤 의미에서는 영화 제작자의 의도와 사회 구조 안에서 발생하는 영화 밖의 의미를 전달하는 수단5)이기 때문이다.

---

5) 위의 책 p.60.

2. 이중적 속임수의 알레고리

1) 이중적 서사구조

하나의 서사는 서사의 집합 속에서 플롯의 구성을 좌우하는 구조의 일부라고 한다. 영화 〈친절한 금자씨〉 역시 거시구조를 형성하고 있는 미시구조들이 이중적인 알레고리로 상징화되고 있다. 응시라는 개념에는 "직설적" 용법과 "비유적" 용법이 있는데, 이 영화를 통해 재현되는 남성적 탈을 쓴 여성주의 시선들, 즉 가부장적인 이데올로기를 은폐하기 위한(모성 이데올로기 강요) 역설적 용법인 동시에 비유적 용법이다. 그리고 인간의 마음속에 내재한 순수성과 악마성, 순수한 사랑과 동성애, 이성애(heterosexuality)와 동성애(homosexuality) 등 환치되는 여성 이미지들은 전형적인 여성상에서 벗어난 포스트페미니즘의 시각으로 보여질 수도 있지만 관객을 속이는 이중의 알레고리라고 할 수 있다. 또한 고전적인 신화의 서사구조를 현대물로 재현한 초언어(metalanguage)나 의미변용이라 볼 수 있다.

서사이론에서 서사 분석의 여성주의 관점은 구조주의 부상과 밀접한 관련이 있다. 루이 알튀세르와 라캉 이래로, 서사 문제는 주체성(subjectivity) 문제와 밀접한 관계를 맺고 있다. 알튀세르주의 및 후기 알튀세르주의 영화 이론에서, 주체는 서사 내부에서 그리고 서사를 통해서 (허구적)주체로서 정의되며 구성된다. 구조주의적 입장에서 볼 때, 서사란 단순한 '이야기'가 아니며, 서사를 통해서 동일시와 주체 구성 과정이 일어난다는 것이다. 이데올로기는 우리를 주체로 불러 세움으로써 작용한다는 주장이 서사 이론에 적용(알튀세르)하고 있다. 고전적 사실주의 텍스트는 부르주아 이데올로기를 재생산, 재현의 세계 안에서 사회의 모순은 치환과 대체의 매커니즘을 통해 은폐되고 해소된다. 이 과정에서 관객은

부르주아 이데올로기의 '개별 주체'로서 '호명' 된다.[6]

〈친절한 금자씨〉 또한 서사를 통한 동일시와 주체 구성 과정이 이중적 알레고리로 상징화된 구성과 여성과 여성의 몸을 통해서 형성된다.

-구성의 이중구조-

(1) 탈여성주의 시선(일상에서의 일탈)-표면상의 부각된 의도

임신(미성년자 미혼모)⇒유괴의 공범(백선생의 유괴를 도움)⇒살인자 (동료 죄수인 마녀를 살인)⇒손가락을 자르는 자해 행위 ⇒복수 (백선생 살인)

(2) 여성주의 시선(모성 이데올로기 강요)-은폐되어 있는 의도

살인자 누명동기(아이의 인질)⇒입양된 아이를 찾음⇒순수한 모성을 상징하는 엔딩 장면⇒모성이데올로기 강조

이 영화를 그 자체의 줄거리, 인물 간 상호작용을 하는 외연화 단계로 이해하면 남성의 권력에 희생된 한 여성의 단순한 복수극이다. 그러나 줄거리와 인물 간 상호작용 등에서 발생하는 연상작용이나 함축된 의미를 지닌 내포화 단계에 들어가면 이 영화에 표면적으로 드러난 의도와는 상반된 이데올로기가 감추어져 있음을 알게 된다. 이 영화는 주인공 금자가 고등학생이 해서는 안 될 임신을 한 것으로부터 시작된다. 임신을 한 계기가 무엇인지는 분명히 드러나 있지는 않지만 이 사실은 사회적 질서 내에서의 일탈을 의미한다. 사회적 제도가 용납하지 않는 상황에서 금자는 평소에 자신을 성적 대상으로 보는 남성, 또다른 일탈의 공간을 가진 남성에

---

6) 위의 책, p.94.

게로 자신을 편입시킨다. 거짓말이 거짓말을 양산시키듯이 제도 밖으로 일탈된 삶은 일탈의 연속이다. 본의 아니게 백선생의 유괴를 돕게 되고, 자신의 딸아이를 인질로 잡은 백선생을 대신해서 살인자 누명을 쓴 채 감옥에 간다. 감방동료까지 죽이는 극한 상황으로 치닫는 금자, 감옥 안에서의 삶은 더 큰 일탈을 위한 준비기간일 뿐이다.

우선 외연화된 플롯을 살펴보면 복수를 향해 나아가는 큰 서사구조가 있다. 그렇지만 영화 도입부와 중간부분 엔딩 장면에 구성되어 있는 모성에 관한 또 하나의 서사구조가 있다. 복수의 서사구조로 보자면 이 영화는 일반적인 여성들이 생각할 수 없는 과감한 행동으로 인하여 탈여성주의 영화로 보인다. 자신의 손가락을 자르면서 복수를 다짐하고 살인을 하는 여성은 종래의 여성 이미지가 아니다. 그러나 제목에서부터 시작된 역설은 영화의 이중적 의미를 창줄해내는 핵심적 코드가 된다. 감독은 금자는 (여성은) 친절하다고 말하면서 전혀 여성적이지 않는 금자를 이야기하고, 그 이면에는 가장 여성적인 모성 이데올로기를 감추어 두고 있다. 역설에 역설인 이 영화는 플롯의 외연화 단계와 내포화 단계의 이중적 구조뿐만 아니라 내포화된 의미를 가진 마녀의 이야기, 백선생을 유인하기 위한 미끼로 사용한 백선생과 동거를 하는 감방동료 등 작은 서사들을 통하여 상징화된 이중적 알레고리를 느낄 수 있다.

2) 서사를 통한 동일시와 주체 과정

몸은 이상적 자아로서 고립된 주체로서 부각하게 하고 자기 안에 재투입되어 미래에 또다른 정체성을 유발하는 근간이 된다.[7] 하지만 이 영화에서 여성들의 몸은 이상적인 자아로서 주체성을 가지기 위한 몸들이 아

---

7) 존스토리, 박모 역, 『문화연구와 문화연구』, 현실문화연구, 1999, p.189.

니다. 목적에 의해 도구로 사용되는 몸이다. 자신의 주체성을 세우기보다는 타자를 해하기 위해 사용되는 부정적인 개념의 몸이므로 건전한 정체성을 유발시키는 근간이 되지는 못한다.

일반적으로 페미니즘 영화에서의 일탈은 여성으로서의 주체성을 확립할 수 있는 이상적 자아를 깨닫는 계기가 되는 경우가 많다. 구성에서 이중적 아이러니를 장치해 놓은 이 영화는 여성의 주체문제에 있어서도 이중적이라고 본다. 아이를 인질로 빼앗기고, 그로 인해 자신의 삶을 유린당한 비주체인 금자가, 복수를 하는 동안에는 남성 권력에 도전하는 행위의 주체처럼 보이지만, 영화를 보는 여성들에게 동일한 감정을 얻지 못하는 이 영화는 사실 '보이지 않는 손'인 남성 이데올로기가 주체이다.

금자는 복수를 위해, 자신의 수사를 담당한 수사관을 끌어들이고 그동안 백선생에게 유괴되어 살인을 당한 아이들의 부모들을 공범으로 끌어들인다. 이들이 상징화된 의미는 무엇일까? 겉으로는 통쾌하게 금자가 남성의 권력을 무너뜨리고 있지만 제도화된 질서 속에서 이들과 손을 잡지 않으면 가능하지 않다는 것이다. 백선생의 시체를 은닉하는 행위 또한 이들의 행위가 양성적인 측면에서는 인정받을 수 없는, 여성이 남성의 권력에 도전하는 행위는 음성적인 행동임을 상징화한 장면이며 금기 사항이라는 뜻이다.

복수를 하는 장면은 관객의 입장으로서 솔직히 짜증이 날 정도로 유치하다. 감독은 왜 이렇게 유치한 복수극을 선택했을까? 박찬욱 감독의 복수 삼부작 중의 하나인 〈올드 보이〉처럼 억압하는 자나 억압받는 자의 인간적인 고뇌나 몸부림도 없다. 백선생도 금자도 건조하다. 사람이 아닌 것 같은 사람들이 벌이는 복수극에서 감독은 영화를 저급성과 유치함으로 몰아가 제도적 이데올로기의 지탄을 피하자는 거다. 더 나아가면 허구와 현실 사이를 명확하게 경계 지음으로써 금자의 행위는 현실성이 없는 허구이며 가부장적인 이데올로기에 도전하는 여성을 용납하지 않겠다는 의도를 상징화한 은유이다.

이렇게 본다면 이 영화는 여성을 위한 영화가 아니라 남성을 위한 영화이다. 남성적 시선을 위주로 만들어진 영화에서 주로 나타나는 '현실'을 거울처럼 반영하는 이 개념은 '속이고', '생략하고', '왜곡'한 여성의 '비현실적인' 이미지로 인해 여성들에게 당혹스러움과 모독감을 불러일으킨다. 여성에 대한 두 개의 분리 가능한 요소들을 병치하여 여성을 성별 혹은 사회 집단으로서의 여성과 재현된 여성 또는 진짜 여성과 그 반대인 남성의 관점에서 본 거짓되고 왜곡된 여성으로 이분화되어 나타나는 데, 여성들은 이런 영화를 보고 동일시를 느끼기가 힘들다. 이 영화에서 은밀하게 강조하는 모성 이데올로기조차 너무 무모하여 일반적인 여성의 정서를 설득하기가 힘들다.

터크만은 대중 매체는 두 가지 과제를 동시에 수행한다고 한다. 첫째로, 얼마간의 문화지체는 있지만 사회의 지배적인 가치와 태도를 반영하고, 둘째로, 어떻게 행동할 것인가와 관련하여 청소년들에게 사회화의 대리인으로 기능하는 것이라고 한다.

이 영화를 보고 '여성들이 어떻게 행동할 것인가' 하는 자각은 없다. 단지 지금의 사회 지배적인 가치인 가부장적인 이데올로기의 대체 메커니즘이 없다는 것을 강조할 뿐이다. 결국 이 영화의 주체는 여성의 탈을 쓴 남성이 주체라고 할 수 있다.

① 금자의 복수⇒남성 복장 도착⇒남성의 권력에 도전
② 마녀의 동성애⇒남성 복장 도착
③ 금자의 외모-섹시한 복장⇒남성적 응시
④ 금자와 마녀의 외모와 행위의 대조⇒금자(백선생 살인), 마녀(남편의 애인 살인)⇒여성은 예뻐야 동정을 얻을 수 있다는 심리적 논리⇒남성적 관점
⑤ 금자의 얼굴-순수성과 악마성⇒순수성 귀결
⑥ 복수의 방법⇒수사관의 묵인, 시체의 은닉, 공동범죄자들⇒사회적 규범 안에서는 허용 불가

3. 상징화된 여성이미지와 몸의 이중적 의미

1) 남성의 탈을 쓴 여성과 가부장적 이데올로기

이 영화의 이중적 알레고리는 여성을 보는 시선과 몸 이미지에서도 찾을 수가 있다.

우선, '복장 도착'이라는 용어로 말할 수 있는 금자와 감방동료인 마녀의 행위들을 상징화한 의미에서 그 이유를 찾을 수 있다. '복장 도착'이란 영화에서 재현되는 대상은 여성이지만 사실은 이야기를 이끌어나가는 주체는 남성적 헤게모니라고 할 수 있다. 앞부분에서 서사의 이중적 알레고리가 언급이 되었지만, '혀에는 혀, 손에는 손'이라는 논리로 복수를 하는 금자와 마녀의 행위, 몸이 어떻게 남성의 탈을 쓴 '복장 도착', 남성을 치환하는 건지 살펴보자.

영화에서 특정 방식의 편집, 소품, 무대 장치, 인물 등을 통해서도 가부장적 의미를 만들어낸다. 쇼트/역 쇼트를 통해 시공간의 연속성을 만들어 자연스럽게 전개된다는 환영을 창조, 영화에 드러난 여성의 위치를 자연스러운 것으로 보게 만드는 이데올로기를 강화하는 것이 자연스러움이다.

금자의 복수극에 끼워 넣은 마녀의 이야기는 영화의 단순한 구조를 다이나믹하게 만드는 역할도 하지만 여성의 탈을 쓴 남성으로 치환됨으로써 많은 것을 시사해 준다. 예쁜 금자와 못생긴 마녀, 이 두 사람은 모두 가부장적인 권력에 희생된 피해자이다. 금자는 복수의 화신이지만 누구나 사랑스러워할 만큼 섹시하고 청순하고 날씬하며 예쁘다. 그러나 남성에게 '귀여운 여성'은 남성을 파멸시키는 '매혹적이지만 위험한' 필름 느와르(film noir)에서와 같은 팜프 파탈(femme fatale)이 아니라 남성이 아무렇게나 다뤄도 좋은 여성, 즉 남성의 지배와 통제의 범위 내에 존재하는 여성이다.8) 또한 마녀는 여자가 봐도 흉측스러운 혐오감이 드는 외모를 가졌다. 팸 모리스에 의하면 육체적으로 매력적이지 못한 여성은 남성들의 두려움과 적대의 대상이 된다9)고 한다. 그리고 사회에서 불건강한 성으로 규정하는 동성애까지 추구한다. 남성들의 이런 규정에도 불구하고 우선 영화를 보는 이들은 바람난 남편의 애인을 죽이고 불고기를 해 먹었다는 마녀가 더 혐오스럽다. 이 두 여자는 남성의 권력에 희생당하고 살인을 했다는 공통점을 가지고 있다. 그런데도 우리는 금자의 살인 행위에는 별로 혐오스러운 감정을 느끼지 못한다. "예쁜 여자는 다 용서된다."는 남성 헤게모니가 여기에서도 작용한다.

푸코에 의하면 권력은 가진 자와 못 가진 자 사이의 불공평한 관계가 이루어지는 전략적 지대이기 때문에 저항이 있다10)고 한다. 프로이트는 "여성은 저항을 위해서, 의사에 대한 상냥하고 성적인 색채를 띤 전이법을 천재적으로 터득하고 있다. 저항으로 제시되는 이 병원적인 과정을 억압(Verdrangung)이라 부른다. 그리고 억압받는 충동은 그 에너지를 계속 가지고 있으며 자아에 인식되지 않고 행해진다. 이런 무의식은 사진처럼 처음에는 음화이지만, 인화에 의해 양화로 되는 것과 같다."11)고 한다. 이 두 사람이 가진 가부장적 권력에 대한 저항은 방법은 상이하지만 음화의 형태라는 것에서는 동일하다. 금자는 저항의 에너지를 성적인 색채를 띤 전이법, 친절을 이용하면서 때를 기다리지만 마녀는 자신의 억압을 남성 그대로를 모방함으로써 즉흥적으로 발산한다. 남편의 애인을 죽이고, 감방동료들을 성적 대상으로 희롱하는 행위는 일반적인 여성에게서 잘 나타나지 않는 현상이다. 동성간의 섹슈얼리티를 이미지화함으로써 남성

---

8) 송명희, 『타자의 서사학』, 푸른사상, 2004, p.124.
9) 위의 책, p.123.
10) 존스토리, 박모 역, 앞의 책, p.136.
11) 프로이트, 이명성 역, 『정신분석 입문』, 홍신문화사, 1997, pp.231-232.

관객의 관음증을 충족하기 위한 의도가 깔려 있기에 마녀는 남성의 치환이다. 금자에게는 감방 안에서 제거해야할 또 하나의 권력이다.

그러나 이 역시 제도화된 방법으로 마녀를 응징한 것이 아니라 자신의 잣대로 비합법적으로 처벌한 것이다. 금자의 복수를 사회적 의미에서 본다면 폭력의 권리를 독점하고 있는 국가의 권리를 탈취하는 행위이다. 누구에게 벌을 준다는 것은 자신의 척도로 세상을 재단하는 일이다. 그러나 모성을 담보한 남성의 폭력에(또한 금자씨의 아이를 인질로 잡은 백선생) 대한 임의적인 처벌은 가부장적인 권력에의 도전이며 사회적 제도에 대한 도전이다.

결국 금자와 마녀는 남성의 탈을 쓰고 남성적인 권력을 휘두르며 저항하는 데에 에너지를 쏟음으로써 여성의 자아찾기에 실패한 남성 이데올로기를 대신하고 있는 것이다.

2) 여성의 몸이미지

이 영화에서도 남성의 권력에 의해 불평등한 가부장적 문화 속에서 여성이 남성 시선의 수동적 대상의 위치에 놓여 있음을 알 수 있다.

사회학자인 버거는 시선이 사실은 권력, 접근, 통제 관계를 수반하고 있다고 주장한다. 이러한 권력이 바로 여성의 '차이'를 만들어낸다. 그리고 '이상적' 관객은 항상 남성으로 가정되고 여성의 이미지는 남성 관객을 즐겁게 하도록 고안되어 있다. 남성의 이미지 통제 과정은 여성에 대한 남성의 소유권을 강화시킨다. 뿐만 아니라 여성은 남성 욕망의 대상이라는 관점을 내면화시키는 여성의 정체성을 만들어 낸다.

여성은 언술의 차원에서뿐 아니라 스토리의 차원에서도 권위 있는 시선을 가질 수 없다. 여성은 남성의 시선을 모으는 스펙터클의 역할을 하는 동시에 상징 질서를 구조화하고 남성의 시선을 붙잡아 놓는 결핍으로서 기능한다. 여성은 자기 몸을 남성이 갖고 있는 이상적인 여성상에 끼워 맞춰 꾸미고 고쳐야할 물건으로 생각하게 된다. 여성 신체가 나아지거나 고쳐져야 할 부분으로 파편화될 때 여성은 보통 자기 몸을 혐오하게 된다.[12]

이 영화에서 금자와 백선생과 동거하는 감방동료가 시각적으로 남성의 욕망을 충족시켜주는 존재라면 마녀의 경우는 혐오스러운 존재이다. 이런 남성적인 시선들이 마녀가 자신의 존재를 부정하고 남성적 탈을 쓴 원인이 되지 않았을까? 그녀의 섹슈얼리티에 희생되는 여성들의 몸 또한 남성들의 응시 대상이 되고 있다.

보통 여성 관객은 나르시시스적 쾌락 즉, 베터톤의 설명대로 "가까이에서 반영된 것을 통해 이미지와 동일시할 때 생기는 쾌락에 빠진다. 말하자면 멀비에게 여성의 응시는 응시라기보다는 수동적 관객의 위치일 뿐이며, 나르시시즘이나 대상화를 통해 마조히즘적으로 동일시하는 특징을 갖게 된다"[13]고 한다. 여성관객의 입장으로서 지나 데이비스(델마)의 주장처럼 "99%의 영화가 여자들을 천박하거나 단순한 인간으로, 혹은 옷이 벗겨진 채로 살해당하고, 착취당하고, 학대당하는 모습으로 그리고"[14] 있는 상황에서 여성들은 전혀 카타르시스를 느끼지 않는다. 이 영화 또한 왜곡된 여성의 몸 이미지를 상업적으로 사용함으로써 여성을 저급한 수준으로 깎아내리는 영화이다. 멀비의 주장에 따르면 대중영화가 모순되는 형태의 시각적 쾌락을 만드는 원인이 절시증과 나르시시즘이라고 한다. 이를 통해 여성의 몸은 여성의 자아를 무시한 저급한 응시의 대상으로 전락한다. 이렇게 된 것은 '대중미학' 즉, 영화를 보는 중산층 취향의 도덕적 범주가 우연성, 다원성 그리고 무엇보다는 쾌락을 간조한 것으로 바뀐 것과 관계가 있다. 여성들은 이 영화의 이 두 여성 중에서 누구와 동일시할 수

---
12) 수잔나 D. 월터스, 「이미지와 현실사이의 여성들」, 또하나의 문화, 1999, pp.73-82.
13) 위의 책, p.83.
14) 위의 책, p.22.

있겠는가? 단지 남성들을 위한 응시의 쾌락으로서 여성이 있을 뿐이다.

보는 즐거움, 절시증(scopophilia)은 단순히 보는 것의 쾌락만을 의미하지 않는다. 다른 사람을 대상으로 택하고 그들을 통제적 응시하에 존속시키는 것까지 포함된다. 그리고 성적 대상의 결정적 요소로서 절시증 역시 시각을 통해 다른 사람을 성적 자극 대상으로 사용한다.15)

3) 여성이데올로기의 신화적 관점

바르트는 이미지를 읽을 때 일어나는 세 가지 반응을 보여준다고 한다. 첫째, '상징'으로 읽는 신화를 만든 관점, 둘째 '알리바이'로 읽는 사회주의자인 독자에게 주는 관점, 셋째 '존재 그 자체'인 신화를 읽는 독자의 관점16)이다.

앞에서 언급한 서사구조나 몸 이미지들의 상징을 통해 알 수 있듯이 이 영화에서 신화적 관점에서의 이데올로기를 읽어낼 수 있다. 보통 신화의 의미가 세계를 서로 배타적인 범주, 즉 문화/자연, 남성/여성, 흑/백, 선/악, 우리/그들 등으로 나눔으로써 만들어진다. 신화적 생각은 항상 그들의 목표에 반대되는 것이 존재한다는 점을 자각함으로 진전된다.17) 이 영화는 또한 겉으로는 남성의 권력에 의해 불평등한 가부장적 문화 속에서 여성이 남성 시선의 수동적 대상의 위치에 놓여 있음을 알 수 있다. 외연적으로는 착한 여성이 악한 남성을 물리치고 모성으로 복귀하는 구조를 이루고 있다. 그러나 감독은 영악하게 아이러니의 서사 구조 속에 가부장적 이데올로기를 감추어 두고 있다.

남성은 응시의 대상물로서 여성의 위치를 규정한다. 그리고 서사 구조

---

15) 존스토리, 박모 역, 앞의 책, p.189.
16) 위의 책, p.122.
17) 위의 책, p.112.

가 좀더 심층적이고 무의식적인 차원에서 주체성과 정체성을 만들어내고 있는가에도 관심을 가진다. 사실주의 서사는 자신이 생산된 조건과 가부장제 및 자본주의 사회의 모순을 은폐하기 때문에 철저히 이데올로기적이다. 사실주의 입장에서 볼 때 '의미란 의미화'란 능동적 과정의 산물이기 때문에 이야기 속에 '이미 그곳에' 존재하는 것이다. 기표는 서사를 위해, 눈에 띄지 않게 작용한다고 할 수 있다.

그러나 여성주의자에게는 익명의 중립적이며, 존재하지 않는 듯한 목소리가 남성적인 목소리이다. 봉합은 서사적 사실주의를 만들어 내는 중심적인 개념이다.[18]

금자를 단순히 복수를 하는 여성이라는 점에서 보면 전혀 모성 이데올로기 신화의 적합성을 가질 수가 없다. 그러나 서사에 내포된 모성 이데올로기를 중심으로 또다른 영화읽기를 해보면 신화적인 모티브로 구성되어 있음을 알 수 있다. 아이의 생명을 지키기 위해서 살인자 누명을 쓰는 어머니는 전형적인 모성을 가진 어머니상이다.

이를 이미지 관점에서 보면 스테레오타입이라 말할 수 있는 여성을 좀더 정서적인 것으로 강화한 일반화된 전형적 인물이다. 스테레오 타입들은 어떤 의미에서는 우리가 자각하고 있는 '현실'의 속성이나 성질들을 지시하고 있기 때문에 의미를 갖는다. 흔히 상식선에서 진실성이 있다고 가정되는 특정 인성이나 집단 정체성의 측면들을 더욱 확장시키거나 패러디 한다. 스테레오타입의 이데올로기적 효과는 그것이 단순히 '잘못된' 혹은 '거짓인' 것으로 경험되는 데서 나오는 것이 아니라, 구조적으로 강화된 이데올로기적 억압형태로 경험되는 데서 비롯된다.[19] 금자 또한 백선생이라는 남성으로 상징화된, 이데올로기의 억압을 통하여 모성이 부각된다고 볼 수 있다. 백선생이 금자를 억압하지 않았다면 금자의 모성이

---

18) 수잔나 D. 월터스, 앞의 책, p.94.
19) 위의 책, p.62.

이렇게 두드러지게 부각이 되었을까?

  영화 도입부와 마찬가지로 영화의 엔딩 장면은 모성 이데올로기를 더욱 강요한다. 하얀 눈발이 휘날리는 골목에서 순수한 표정을 짓는 금자와 맨발에 흰옷을 입고 서 있는 딸 그리고 하얀 케익을 클로즈업함으로써 온통 순수를 강조한다. 여성에게 순결 이데올로기를 강조하는 장면들이다. 만일 이 영화를 여성 감독이 연출했다면 어떻게 되었을까? 남성들은 자신들의 모태인 어머니가 훼손되는 것을 원하지 않는다. 모성을 위협하면 여성은 이미 여성으로서의 모든 것을 포기한다는 메시지도 보인다. 모성 이데올로기는 늘 가부장적 이데올로기를 우위적인 위치에 서게 한다.

4. 도구로서의 몸 프로젝트 정체성 숨기기

  몸은 인간행위의 절대적 구성요소인 동시에 우리로 하여금 행동하게 하고 일상생활의 흐름에 개입하여 그 흐름을 바꾼다. 행동하는 사람은 곧 행동하는 몸[20]이라고 한다. 인간의 본능적 구조는 태어날 때 동물의 본능적 구조만큼 특화되어 있거나 종(種) 특유의 환경에 방향성을 두는 것도 아니다. 따라서 인간의 세계는 비교적 변화 가능한 세계, 즉 그 세계의 내용과 의미가 인간의 행위에 의해 만들어져 가는 세계이다. 인간세계의 구조는 동물세계의 구조적 특징인 안정성을 결코 가질 수 없다. 인간의 몸과 정체성은 생태계에서 살아남을 수 있도록 아주 느슨하게 설정되어 있다. 인간과 환경 사이의 관계에 대한 철학적 인간학의 입장은 몸 연구에 특별한 함의를 갖는다. 그것은 인간의 몸이 인간으로 하여금 자신과 자신을 둘러싼 타인, 그리고 세계를 작용하게끔 강요하는 미완의 상태라는 것을 시사한다.[21]

  우리 몸은 죽을 때까지 미완이다. 금자는 수동적이어서 실패했던 자신

---

20) 크리스 쉴링, 임인숙 역, 앞의 책, p.8.
21) 위의 책, p.151.

의 삶을 능동적 세계로 바꾸기 위하여 행동하는 몸으로 바꾼다. 자신의 몸뿐만 아니라 자신의 몸을 도구화하여 자신을 둘러싼 타자들의 몸까지도 자신이 원하는 세계 속에서 작용하도록 만든다. 내면화된 연기를 통하여 자신의 의도대로 조종된 감방 동료들의 몸을 복수에 필요한 도구로서 이용한다.

여기서 금자의 몸은 자아표현을 위한 긍정적인 의미가 아니다. 복수를 위한 자신의 정체 숨기기, 철저하게 자신을 도구화하는 프로젝트를 13년간이나 한다. 금자의 프로젝트는 몸의 일부가 아니라 감정까지 철저히 통제하기에 이른다.

이것은 호쉬차일드가 말하는 감정노동의 개념으로 볼 수 있다. 감정노동은 우리가 우리의 몸을 '살아가며 겪는 경험'으로 보는 방식에 중심이 되는 것으로 감정의 관리와 조작인 표면연기(suface acting)와 내면연기(deep acting)에 의해서 이루어질 수 있다.[22] 감정 노동은 직업과 관계가 있을 수도 있지만 임금노동에만 한정되지는 않는다. 고프만은 일상생활 속의 의식(儀式)에도 이 두 가지 연기가 필요하다는 사실을 설명하는데 그중 사람들이 특정한 사건에 반응하면서 경험하는 감정도 감정노동이라고 하였다.

금자는 자신의 목적을 달성하기 위하여 천사 같은 미소를 짓지만 보이지 않는 스트레스를 유발하기 때문에 감정 노동이라 할 수 있다. 금자의 감정 노동은 자신의 정체성 숨기기에 이용된다. 금자는 왜 이런 감정 연기가 필요했을까? 그 해답은 마녀에게 있다. 세상은 아직도 악마적인 이미지보다는 순수한 이미지를 더 신뢰한다. 금자는 사회가 용인하지 않는 복수를 하기 위해서 사회가 신뢰하는 천사의 탈을 쓴 것이다. 그러나 출소 후 이러한 내면연기는 필요가 없어졌다. 신의 충실한 어린 양으로 연기하던 역할을 버리고 자신을 후원하던 목사에게 "너, 잘하세요."함으로써

---

22) 위의 책, p.174.

모든 것이 분명해진다.

　이제 금자는, 자신의 세계로 편입된 사람들의 감정을 운용할 시간이 된 것이다. 고용주가 원하는 대로 감정을 잘 조절하는 위치에 서게 된 것이다. 먼저 출소한 감방동료들이 금자의 살 집을 마련해주고, 복수에 필요한 권총을 구해주고, 백선생을 찾아 유인하기 위하여 백선생과 동거하며, 백선생의 성적 노리개가 되면서까지 자신의 몸을 복수를 위한 도구로 제공하는 감방동료들을 찾아 나선다.

　몸이 도구로서 사용되는 경우가 예가 하나 더 있다. 금자의 딸을 인질로 잡고 금자로 하여금 대신 살인죄수 누명을 쓰고 감옥에 가게 한 것이다. 여기서 금자의 몸은 모성을 지키기 위한 담보로 사용된다. 이 순간 금자의 몸은 자신의 몸이 아닌 타자의 몸인 것이다. 남성의 억압에 의한, 모성 이데올로기에 얽매여 있는 도구로서의 몸인 것이다.

5. 결론

　이중적 속임수의 알레고리로 형성된 영화 〈친절한 금자씨〉를 통해 몇 가지 결론을 내릴 수 있다. 우선 이 영화를 보고 여성들이 어떻게 행동할 것인가에 대한 자각은 없다. 단지 지금의 사회 지배적인 가치인 가부장적인 이데올로기의 대체 메커니즘이 없다는 것을 강조하고 있다. 그리고 이 영화는 여성의 탈을 쓴 남성이 주체라고 할 수 있다. 그것은 이 영화를 주체적으로 이끌어 가는 금자와 마녀가 남성의 탈을 쓰고 남성적인 권력을 휘두르면서 저항적 에너지를 쏟아놓지만 사회적 제도가 인정하는 여성의 자아찾기에 실패함으로써 역으로 남성 이데올로기를 합리화하고 있다.

　또한 부정적인 이미지가 형상화된 여성의 몸이 남성의 권력에 의한 불평등한 가부장적 문화 속에서 남성 시선의 수동적 대상의 위치에 놓여 있음을 알 수 있다. 그리고 도구화된 몸은 결국 자신이 주체가 될 수 없다는 것이다. 이상적 자아가 없는 몸은 자신의 몸이 아닌 타자의 몸이라는 걸 알 수 있다. 또한 가부장적 이데올로기의 억압이 여성의 몸을 얼마나 유린하는가를 알 수 있다.

영화는 사회와 분명히 연관되어 있고 어떤 방식으로든 누군가를 통해 우리를 가르치고 있다는 점을 드러내지만 이미지 자체가 직접적이며 일관되게 모순 없이 읽힐 수 있는 것은 아니다. 사회화 가설은 이미지와 관객 사이에서 의미가 일방적으로 흐른다는 것을 전제로 한다. 즉 이미지는 특정화되거나 차별화되는 않는 문화 메시지의 수용장인 관객에게 어떤 역할과 행동을 규정해 줌으로써 그들에게 영향력을 발휘한다. 바꾸어 말하면 의미를 구성하는 데 관객이 행하는 역할은 없다. 이미지는 인물과 내용에 의해 규정된 어떤 것을 의미하고, 관객은 아무런 문제없이 그것을 받아들인다.[23]

문제는 영화뿐 아니라 후기자본주의 사회의 매체들이 여성에 대한 부정적인 이미지를 남성 헤게모니의 영향 아래 양산해 낸다는 데 있다. 남성에 의해 왜곡된 이런 몸 이미지들은 여전히 사회적 담론을 형성하고 있으며 여성의 몸을 저급한 수준으로 끌어내릴 가능성을 내포하고 있다.

〈친절한 금자씨〉는 역설의 역설, 이중적인 알레고리를 가진 영화이다. 또한 반여성주의라고도 볼 수 있고, 포스트페미니즘 영화라고도 오해하기 쉬운 이 영화는 사실 모성 이데올로기가 강요된 남성 헤게모니가 창출해낸 영화이다.

요즘 포스트페미니즘 영화들은 단순한 반여성주의를 넘는 더 큰 문제를 안고 있다. 포스트페미니즘 영화들은 여성주의를 인식하고 존중하는 듯하지만 여성주의의 역사를 재구성하고, 현실에서 여성주의의 쇠퇴를 선언함으로써 여성주의를 깎아내린다.

---

[23] 수잔나 D. 월터스, 앞의 책, pp.60-66.

■ 참고문헌

송명희, 『타자의 서사학』, 푸른사상, 2004.
수잔나 D. 월터스, 김현미 역, 『이미지와 현실 사이의 여성들』, 또하나의 문화, 1999.
스튜어트 유엔·최현철 역, 『광고와 대중소비문화』, 나남출판, 2003.
존 스토리·박모 역, 『문화연구와 문화연구』, 현실문화연구, 1999.
크리스 쉴링·임인숙 역, 『몸의 사회학』, 나남출판, 1993.
프로이트·이명성 역, 『정신분석 입문』, 홍신문화사, 1997.

김훈의 「화장」에 나타난 몸과 죽음의 양상 읽기

송연주

김훈의 「화장」에 나타난 몸과 죽음의 양상 읽기

송 연 주

1. 서론

오랜 역사 동안 인간의 '몸'은 당연한 것, 원초적인 것, 가치 없는 물질성의 세계에 속한 것으로 간주되어 왔으며 동·서양의 많은 철학자들은 일시적이고 무의미한 '몸'과 영원하고 가치 있는 '정신'을 분리시켜 파악하여 왔다. 하지만 포스트모더니즘 이후 '몸'의 중요성은 갈수록 부각되고 있고, 학문적으로 담론의 절대 우위를 차지하게 되었다. 이제 현대사회에서 '몸'은 적극적인 관리와 통제의 대상으로 인식되고 있다.

적극적인 몸 관리 프로젝트들은 우리에게 늙음의 두려움을 강조하며, 노화 방지와 젊음의 유지를 위해서 최선의 노력을 하도록 권유한다. 하지만 그렇게 하면 할수록 우리는 몸이 필연적으로 직면하게 될 노화와 죽음의 문제를 두려움으로 맞닥뜨리게 될 뿐이다. 그래서 우리는 노인을 양로원으로 옮김으로써 노화의 문제를 바라보지 않으려고 한다든가, 죽음의 문제를 회피하기 위하여 죽음을 가정에서 병원의 영안실로 옮기고 있다.

그러나 하이데거가 인간의 존재를 '죽음을 향하고 있는 존재'로 규정하였듯이, 죽음은 인간이 통제할 수 없는 영역이기 때문에 아무리 도피하려고 해도 몸의 마지막은 죽음이 될 수밖에 없다. 몸 담론에서 죽음의 의미가 부각되는 이유는 한 인간이 죽음을 바라보는 방식의 차이가 궁극적으로 그가 몸과 관계를 맺는 방식을 결정하기 때문일 것이다. 이런 점에서 '우리가 몸의 사회적 중요성을 완전히 이해할 수 있는 유일한 맥락은 몸이 필연적으로 맞게 되는 죽음'1)이라는 쉴링의 주장은 매우 타당하다.

김훈의 단편소설 「화장」은 2004년도 이상문학상 대상 수상 작품이다.2) 이상문학상 심사위원회는 대상 수상작 선정 이유로 '이 새로운 감각의 소설에서 작가가 천착하고 추구하는 것은, 종래의 문학적 주제인 인간의 영혼이나 정신이 아닌 실체로서의 몸'이며, '병들어 소멸해 가는 인간의 몸과 젊고 아름다운 인간의 몸에 대한, 적나라하고 세밀한 묘사는 새로운 소설 쓰기의 한 전범을 보여준 것'으로 언급하고 있다.

비평가들이 공통적으로 지적한 것처럼 「화장」은 몸을 주제로 하여 읽기에 적합한 텍스트이며, 죽음의 문제를 정면으로 제기하고 있는 텍스트이기도 하다. 작가는 이 작품에서 삶과 죽음이라는 근원적이고 철학적인 주제에 진지하게 접근하여 1인칭 서술자 '나'를 중심으로 한 두 여체-뇌종양으로 죽어가는 아내의 몸과 싱싱한 생명의 상징인 부하 여직원 추은주의 몸-의 선명한 대립 구조를 보여주고 있다. 또한 소설 전체를 사로잡고 있는 '죽음'이라는 지배적 이미지를 직접적인 묘사와 다양한 상징체계를 통해 '몸의 소멸'로 형상화해 내고 있다. 이 글에서는 '몸'과 '죽음'의 담론을 주제로 하여 김훈의 「화장」을 읽고자 한다.

---

1) 크리스 쉴링, 임인숙 역, 『몸의 사회학』, 나남출판, 1999, p.250.
2) 김훈, 「화장」, 『2004년도 제28회 이상문학상 작품집』, 문학사상사, 2004. (이후 인용하는 소설 원문과 제시한 쪽수는 모두 이 책의 것임을 밝혀둔다.)

2. 죽어가는 몸과 살아있는 몸

　현재 55세인 '나'는 화장품 회사의 상무로 근무하고 있으며 2년 동안 뇌종양을 앓고 있는 아내를 간병해 왔다. 한편 같은 회사에 근무하는 '추은주'라는 부하 여직원을 5년 전부터 마음속으로 사랑하고 있는 상태이다. 모두 6개의 장으로 구성되어 있는 이 소설의 이야기 시간은 아내의 죽음을 통보받는 시점으로부터 아내의 장례를 치른 직후까지인 4일간이다. 그러나 군데군데 1인칭 서술자의 과거 회상을 통해 보여주고 있는 서사 내적 시간은 서사 구조 속에서 '나'의 부하 여직원 추은주가 입사한 시점부터 아내가 죽고 추은주가 퇴사하는 현재까지의 5년간으로 확대되고 있다. 6개의 장을 논의의 편의를 위해 내용상 11개의 스토리 라인으로 구조화하면 다음과 같다.

　　(제1장) 아내의 죽음
　　① 병원, 아내의 죽음(현재)
　　② 사우나에 감(현재+2년 전 아내가 뇌종양 판정을 받던 과거회상)
　　③ 전립선염인 나는 비뇨기과에 가서 방광의 오줌을 빼냄(현재)

　　(제2장) 아내의 장례
　　④ 영안실로 돌아옴(현재)
　　⑤ 여름광고 전략을 마무리하라는 사장의 전화(현재)

　　(제3장) 독백(1) – 추은주에 대한 고백
　　⑥ 추은주의 입사 시점인 5년 전부터의 과거 회상(입사, 결혼, 임신, 출산)

　　(제4장) 아내의 장례
　　⑦ 영안실, 저녁 7시, 문상객이 몰려오고 추은주도 다녀감. 과장들과 화장품 광고에 대한 논의를 함(현재)

⑧ 뇌종양으로 죽어가던 아내에 대한 과거 회상(1·2차 수술)

(제5장) 독백(2) - 추은주에 대한 고백
⑨ 특근을 하던 어느 일요일 회상 (추은주와 그녀의 딸을 만난 날 저녁, 투병중인 아내를 목욕시키고 추은주를 그리워함)

(제6장) 아내를 화장함
⑩ 화장장, 아내를 화장함(현재)
⑪ 추은주의 사직, 화장품 광고를 '가벼움'으로 결정하고 아내가 키우던 개를 안락사 시킴(현재)

 이 소설은 1인칭 서술자 '나'를 중심으로 하여 크게 두 개의 서사 축으로 이루어져 있다. 하나의 축은 제1, 2, 4, 6장에서 볼 수 있듯이 나의 죽은(또는 죽어가는) 아내에 대한 이야기이고 다른 하나의 축은 제3, 5장에서처럼 내가 절절히 연모했지만 단 한 번도 겉으로 표현하지 못했던 부하 여직원 추은주에 대한 고백의 서사이다. 전자는 '죽어가는 몸'을 형상화하고 있고, 후자는 '살아 있는 몸'을 형상화하고 있다.
 아내의 몸과 추은주의 몸은 '생명의 소멸'과 '생명의 피어남'이라는 측면에서 중심적인 대립 구조를 형성하지만, 이 두 몸 말고도 소설에는 나의 몸, 나의 딸의 몸, 추은주 딸의 몸, 보리(아내가 키우던 개)의 몸이라는 다양한 몸이 나타나고 있기도 하다. 각각의 몸에 대한 구체적인 묘사와 작가가 그것을 통해 표출하는 의미망을 살펴보면 다음과 같다.

 1) 아내의 몸

 아내의 몸은 병들고, 노화되고, 죽어가는, 무기력한 몸이다. 아내의 '메마른' 몸은 배변을 가리지 못해서 찌를듯한 '악취'를 풍긴다. 죽어가는 아내에게서 서술자가 느끼는 감정은 '낯섦'으로 표현된다. 아내의 죽어가는 몸은 전적으로 서술자 '나'의 시선에 의해 관찰되는데 서술자는 주관을 배제하고 냉정할 정도로 관찰자의 거리를 유지하면서 아내의 몸에 대해서 말한다.

아내는 죽음을 향해 온순히 투항했다. 벌어진 입술 사이로 메말라 보이는 침이 한 줄기 흘러 나왔다. 죽은 아내의 몸은 뼈와 가죽뿐이었다. 엉덩이 살이 모두 말라버려서 골반뼈 위로 헐렁한 피부가 늘어져 매트리스 위에서 접혔다.(11-12쪽)

검불처럼 늘어져 있던 아내는 아직도 저런 힘이 남아 있을까 싶게 뼈만 남은 육신으로 몸부림을 치다가 실신했다. 실신하면 바로 똥을 쌌다. 항문 괄약근이 열려서, 아내의 똥은 오랫동안 비실비실 흘러 나왔다. 마스크를 쓴 간병인이 기저귀로 아내의 사타구니를 막았다.(20쪽)

수술 전날, 간호사가 아내의 머리카락을 잘랐다. 간호사는 머리카락을 한 움큼씩 손으로 쥐고 밑둥에 가위질을 했다. 머리통을 간호사에게 내맡기고 아내는 울었다. 머리카락이 잘려 나간 아내의 얼굴은 낯설어 보였다.(36쪽)

슬라이드 속에서, 두개골 안쪽으로 들어찬 뇌수는 부유하는 유동체처럼 보였다. 뇌수는 아직 형태를 갖추지 못하고 흐느적거리는 원형질이었다. 인간의 지각과 기능을 통제하는 사령부가 아니라, 멀어서 아물거리는 기억이나 풍문처럼 정처 없어 보였다. 저것이 아내였던가. 저것이 아내로구나.(36쪽)

아내의 죽어가는 몸을 형상화하고 있는 것은 위에 인용한 몸에 대한 묘사뿐만 아니라 '냄새'이다.

저는 샤워 물줄기로 바닥에 떨어진 똥물을 흘려보내고 다시 아내를 의자에 앉혔습니다. 아내의 항문과 똥물이 흘러내린 허벅지 안쪽을 다시 씻겼습니다. 환풍기를 켜서 욕실 안의 냄새를 뽑아냈습니다. 마른 수건으로 몸을 닦아 침대에 뉘었습니다. 아내는 자꾸만 울었습니다. 아내의 울음소리는 가늘고 희미했습니다.(44쪽)

2년 동안 뇌종양을 앓고 있는 아내의 몸은 똥내, 약내, 지린내가 섞여 찌를 듯한 악취를 풍긴다. 두통이 오면 위액까지 토하고 실신을 하고, 실신을 하면 항문의 괄약근이 열려서 똥이 흘러나온다. 간병인은 아내의 기저귀를 갈아 채울 때마다 향을 피우고 마스크를 쓴다. 아내를 돌보는 사이에 '나'는 자신이 맡은 음식의 냄새가 과연 음식의 본래 냄새인가를 의심하게 된다. 몸속에 종양이 존재하듯이 음식 속에 원래부터 구린내가 숨어 있는 것은 아닌가 하고 생각하기까지 한다. '나'는 젊었을 때 잡지사 여기자였던 아내가 벌어온 돈으로 대학원을 마쳤고, 딸을 낳았다. 병든 아내의 몸에도 한때는 젊음이 있었을 것이지만 살이 빠져서 치골이 드러나고 대음순이 까맣게 말라붙어 있는 아내의 그 메마른 곳으로부터 딸을 낳았다는 과거의 사실을 '나'는 믿지 못한다. 시각과 후각 중추까지 마비된 아내의 몸, 똥물을 연신 흘려보내는 아내의 몸을 목욕시키고 아내가 잠든 뒤 손에 배인 악취를 비누로 닦아낸다.

아내의 몸은 죽음 앞에서 무기력할 수밖에 없는 인간의 몸이다. 서술자 '나'의 눈과 입을 빌어, 작가는 고통으로 몸부림치며 죽어가는 인간의 몸을 냉정하리만큼 객관적으로 바라보고 있으며 그의 몸에서 나는 '악취'를 군더더기 없는 묘사로 응시하고 있다.

2) 추은주의 몸

추은주는 5년 전에 그의 회사에 입사한 젊은 여직원이다. 아내의 몸에 대한 '나'의 묘사가 감정을 배제한 객관적인 어조를 유지하고 있음에 비해서 추은주에 대한 '나'의 묘사로 채워지고 있는 소설의 제3, 5장은 '당신'이라는 지칭을 사용하는 고백체 혹은 편지글의 형태로 문체가 차별화되고 있다. 서술어미도 다른 장과 달리 경어체로 처리되고 있어 추은주에 대한 '나'의 연모와 선망의 정서를 독자에게 효과적으로 드러낸다. 병든 아내의 남편으로 존재하는 제1, 2, 4, 6장의 '나'와 추은주를 연모하는 제3, 5장의 '나'를 독자가 동일 인물로 받아들이기에 혼란스러울 만큼 추은주에 대한 묘사 부분은 장황하고 절절하다.

> 당신의 이름은 추은주(秋殷周), 제가 당신의 이름으로 당신을 부를 때, 당신은 당신의 이름으로 불린 그 사람인가요. 당신에게 들리지 않는 당신의 이름이, 추은주, 당신의 이름인지요. 제가 당신을 당신이라고 부를 때, 당신은 당신의 이름 속으로 사라지고 저의 부름이 당신의 이름에 닿지 못해서 당신은 마침내 3인칭이었고, 저는 부름과 이름 사이의 아득한 거리를 건너갈 수 없었는데, 저의 부름이 닿지 못하는 자리에서 당신의 몸은 햇빛처럼 완연했습니다. 제가 당신의 이름과 당신의 몸으로 당신을 떠올릴 때 저의 마음속을 흘러가는 이 경어체의 말들은 말이 아니라, 말로 환생하기를 갈구하는 기갈이나 허기일 것입니다. 아니면 눈보라나 저녁놀처럼, 손으로 잡을 수 없는 말의 환영일 테지요.(25-26쪽)

서술자 '나'가 추은주의 이름을 처음 보았을 때 떠올린 것은 '이제는 지층 밑에 묻혀버린 먼 고대국가의 이름'이다. 고대국가란 은나라, 주나라를 가리키는 것이겠지만 이 소설에서는 지금은 사라진 것, 다시 올 수 없는 것이라는 의미를 내포한다. 그러므로 추은주의 몸은 '닿을 수 없는 것(43쪽)'이며, 한때 '나'에게 있었지만 지금은 상실해 버린 젊음, 청춘, 싱싱한 육체의 표상으로 읽을 수 있다.

가득 차서 살아있는 추은주의 몸을 바라보는 '나'의 감정은 '조바심'이다. 소설 전체에서 '조바심'은 두 번 나타난다. 처음의 조바심은 추은주를 처음 바라보던 5년 전의 감정이고, 두 번째 조바심은 2년 전 악취와 똥으로 범벅이 된 아내의 병든 몸을 목욕시키던 날 밤 두시의 병원 복도에서 추은주를 생각하면서 느끼던 감정이다. 그러나 이 두 조바심은 동일한 정서가 아니다. 전자가 살아있는 아름다움의 표상인 추은주를 손에 넣지 못하는 상태에서 전전긍긍하는 욕망의 정서에 가까운 것이라고 한다면, 후자는 아내의 병간호에 완전히 지쳐버린 중년 남자가 이상적 몸으로 상정된 추은주에게 의지하거나 위로받고 싶어 하는 현실 도피의 정서와 통한다.

> 당신의 둥근 어깨와 어깨 위로 흘러내린 머리카락과 그 머리카락이 당신의 두 뺨에 드리운 그늘은 내 눈 앞에서 의심할 수 없이 뚜렷했고 완연했습니다. 아, 살아있는 것은 저렇게 확실하고 가득 찬 것이로구나 싶어서, 저의 마음속에 조바심이 일었습니다.(26쪽)

> 그 새벽 두 시의 병원 복도에서 당신의 아기의 입속을 생각했습니다. 당신께 달려가서, 사랑한다고 말하고 싶었습니다. 사랑한다고, 시급히 자백하지 않으면 아내와 저와 그리고 이 병원과 울트라 마린 블루의 화장품과 이미지들이 모두 일시에 증발해 버리고 말 것 같은 조바심으로 저는 발을 구르고 싶었습니다. 그리고 당신께서 저의 조바심을 아신다면, 여자인 당신의 가슴은 저를 안아주실 것만 같았습니다.(45쪽)

추은주의 몸은 죽어가거나 병들고 결핍된 상태인 아내의 몸이나 나의 몸과는 대조적으로 생생하게 살아 숨 쉬는 몸이다. 그녀의 몸에 대한 묘사는 주로 머리카락, 목, 빗장뼈, 흰 살, 푸른 정맥, 분홍빛 자궁의 산도(産道)

에 대한 것이다. 그녀의 몸의 생명력은 볶음밥을 먹는 장면 묘사를 통해 '시장한 노동자의 식욕'으로 환치되고 있다. 이 부분은 죽어가는 몸인 병중의 아내가 음식을 못 삼키거나 삼킨 음식을 '위액까지 토해내는' 대목과 대립적 의미 쌍을 이룬다.

또한, 죽어가는 몸인 아내에게서 나던 똥 냄새와 약 냄새가 '계통 없이' 뒤범벅된 '악취'와는 달리 추은주에게서 나는 냄새는 '젊은 어머니의 젖냄새, 엷고도 비린 냄새, 확실하고도 모호한 냄새'로 표현된다. 그리고 살아있는 몸인 추은주에 대한 묘사는 생명을 상징하는 '푸른', '노을빛' 등의 빛깔로 '선명'하게 형상화되고 있다.

> 당신의 가슴의 융기가 시작되려는 그곳에서 당신의 빗장뼈는 당신의 가슴뼈에서 당신의 어깨뼈로 넘어가고 있었습니다. 그 빗장뼈 위로 드러난 당신의 푸른 정맥은 희미했고, 그리고 선명했습니다. 내 자리 칸막이 너머로 당신의 빗장뼈를 바라보면서 저는 저의 손으로 저의 빗장뼈를 더듬었지요. 그때, 당신의 몸을 생각했습니다. 당신의 몸속의 깊은 오지까지도 저의 눈에 보이는 듯했습니다. 여자인 당신, 당신의 깊은 몸속의 나라. 그 나라의 새벽 무렵에 당신의 체액에 젖는 노을빛 살들, 그 살들이 빚어내는 풋것의 시간들을 저는 생각했고, 그 나라의 경계 안으로 제 생각의 끄트머리를 들이밀 수 없었습니다.(27쪽)

병들고 무기력한 '나'의 몸은 생명의 상징인 추은주의 피어오르는 몸을 욕망하지만 그 욕망은 단 한 번도 겉으로 표현되지 않는다. 추은주가 결혼하던 날, 결혼식에 참석하지 않아도 될 필연적인 사정이 생겼음을 내심 다행으로 여기면서 전북으로 출장을 간 '나'는 만경 포구 마을에서 '새 한 마리가 높은 소리로 울면서 저문 바다로 나아갔습니다. 그 여관방에서 당신의 몸을 생각하는 일은 불우했습니다.'라고 혼자 중얼거릴 뿐이다. 그녀의 몸에 손을 대고 싶지만 그에게는 병든 아내가 있기에 손을 뻗어 그녀의 빗장뼈를 더듬는 대신 자신의 빗장뼈를 더듬는다.

이러한 의미에서 볼 때, 그녀에게로 향하는 '나'의 내면적 욕망은 '화장(化粧)'을 필요로 하는 것이다. 병든 아내를 버리고 젊은 여자를 탐하는 것은 이성과 윤리의 측면에서 금지된 욕망이기 때문에 '나'의 내면적 자아의 외침은 초자아에 의해 억압된다. 그로 인하여 추은주를 갈구하는 '나'의 고백은 독자에게 추한 모습이 아니라 아련한 슬픔의 정서를 불러일으킨다. 젊은 여자의 몸을 해부하듯 바라보는 중년남자의 시선이 통속의 나락으로 떨어지지 않는 것은 작가의 탁월한 역량에 의해 구현된 문체미학의 힘이다.

3) '나'의 몸

작가가 직접적으로 형상화하고 있는 죽어가는 몸은 '아내'의 몸이지만, 전립선염을 앓고 있는 '나'의 몸 또한 '노화'와 '결핍'의 표상으로 소설에서 나타나고 있으며 아내의 몸과 유사한 의미망을 형성한다. 의사는 '나'에게 전립선염이 병이라고도 할 수 없는 노화현상이라고 말하지만 '나'의 증세는 심각하다. 아내의 시신이 영안실로 실려 내려갈 때도 '나'는 방광의 무게에 짓눌려 침대 뒤를 따라가지 못한다. 비뇨기과에서 간호사의 손에 의한 배뇨 시술을 받을 수밖에 없는 나의 몸은 '빈 들판처럼 허허로운' 몸이고, 무기력한 몸이다.

> 변기에 앉아서 방광에 힘을 주었더니, 고환과 항문 사이로 날카로운 통증이 방사선으로 퍼져 나갔다. 성기 끝에서 오줌은 고드름 녹듯 겨우 몇 방울 떨어졌다. 붉은 오줌방울들이었다. 요도 속에서 오줌방울들은 고체처럼 딱딱하게 느껴졌고, 오줌이 빠져나올 때 요도는 불로 지지듯이 뜨겁고 쓰라렸다. 몸속에 오줌만 남고 사지가 모두 떨어져 나가는 느낌이었다.(12-13쪽)

> 퇴근길에 비뇨기과에 들러서 방광 속의 오줌을 뺐다. 성기에 도뇨관을 꽂고 두 시간 동안 누워서 오줌이 흘러나가기를 기다렸다. 침대 밑 오줌통 속으로 오줌은 쪼르륵 쪼르륵 흘러 내려갔다. 오줌이 빠져나간 방광은 빈 들판처럼 허허로웠다.(49쪽)

'손으로 만질 수 없는 풍문'처럼 이상화, 신비화되고 있는 추은주의 몸과는 대조적으로 '나'의 몸은 현실적인 실체이며 '오줌이 빠지지 않아 무거운, 몸 전체가 설명되지 않는 결핍의 덩어리'이자 '빈' 몸으로 묘사되고 있다.

> 몇 년 전에 신입사원인 당신이 상무인 내 자리로 찾아와 웃으면서 청첩장을 내밀고 결혼 휴가를 청할 때도 저의 몸은 그렇게 무거웠고, 결핍의 덩어리였습니다.(29쪽)

이런 자신의 몸에서 서술자가 느끼는 감정은 아내의 몸에서 느꼈던 것과 동일한 감정인 '낯섦'이며, 죽어가는 아내가 의식이 있던 동안에 느꼈던 '수치스러움'의 정서도 함께 나타난다. 아내와 나의 몸으로 표상되는 '죽어가는 몸'을 표현하는 정서로 작가는 '낯섦'과 '수치'의 정서를 공통적으로 차용하고 있는 것이다.

> 간호사는 고무장갑 낀 손으로 애무를 해주듯 손을 움직여 내 성기를 키웠다. 고무장갑 낀 간호사의 손 안에서 내 성기는 부풀었다. 성기는 내 몸의 일부가 아닌 것처럼 낯설었지만, 내 몸이 아닌 내 성기가 나는 참담하게도 수치스러웠다.(16-17쪽)

4) '추은주 딸'의 몸과 '나의 딸'의 몸

추은주 딸의 몸은 추은주의 몸과 동일한 '살아있는 것'의 상징으로서 독자에게 추은주와 동격의 정서를 환기한다. '나'는 추은주를 '그대로 빼닮아' 있는 추은주의 아기를 보고 놀란다. 그녀의 아기에게서 서술자가 발견하는 것은 살아있는 몸의 표상인 추은주의 '생명과 질감과 냄새'이다.

> 저는 놀라서 주저앉을 뻔했지요. 아직 이목구비의 윤곽이 뚜렷이 자리 잡지 못한 그 아기의 얼굴에 당신의 표정이 살아있었습니다. 눈매인지 입술 언저리인지 두 뺨인지 어딘지는 알 수 없었지만, 그 아기는 당신의 생명과 질감과 냄새를 그대로 빼닮아 있었습니다.(42쪽)

추은주 딸의 '분홍빛 입속'에서 서술자는 추은주의 자궁과 산도(産道)를 떠올린다. 자궁은 새로운 생명을 잉태하는 곳이다. 그 아기를 세상으로 밀어내는 산도(産道)는 생명이 나오는 길이며, '분홍빛'을 띠고 있는 것으로 형상화되고 있다. 이 빛깔은 추은주에 대한 묘사에서 드러났던 생명의 빛깔인 '노을빛(27쪽)'과 대응한다. 또한 중의성을 지닌 제목의 한 축 '화장(火葬)'에서 인간의 몸이 죽음으로 향해 가는 길이 화장장의 소각로인 것과 생명의 길인 '산도(産道)'는 대립적 상징이다.

> 그 아기의 걸음을 바라보면서, 저는 당신과 닮은 아기를 잉태하는 당신의 자궁과 그 아기를 세상으로 밀어내는 당신의 산도(産道)를 생각했습니다.(42쪽)

> 때때로 당신 가까이서 당신의 생명을 바라보는 일은 무참했습니다. 당신의 아기의 분홍빛 입속은 깊고 어둡고 젖어있었는데, 당신의 산도는 당신의 아기의 입속 같은 것인지요.(43쪽)

'나의 딸'에 대한 묘사는 일부에서 나타난다. 전체적으로 죽음에 대한 슬픔의 정서가 제거되어 있는, 혹은 사소한 것으로 간주되는 이 소설에서 딸의 몸은 등장인물 중 유일하게 '죽음'에 대한 슬픔의 정서를 표현하는 몸으로 묘사되고 있다.

> 아내의 영정 앞에서 딸이 엎드려 울었고 까만 양복을 차려입은 딸의 약혼자 김민수가 우는 딸의 어깨를 쓰다듬었다.(17-18쪽)

추은주 딸의 몸이 생명을 환기하는 것과는 달리 영안실에서 딸의 몸매와 얼굴은 '죽은 아내를 빼다 박은 듯이' 닮아있다. 살아있는 딸의 몸은 아이러니하게도 죽은 아내의 몸을 환기한다. 죽은 아내의 영정과 죽지 않은 딸의 얼굴이 닮아 있는 '사태(18쪽)'에서 서술자는 '헤어나기 어려움'을 느낀다. 투병 중이던 아내와의 저녁식사에 대한 짧은 언급 '어쩌다가 저녁 식탁에 세 식구가 마주 앉아 있을 때면, 나는 아내와 딸의 닮은 모습에 난감해 했다. 그때, 살아서 마주앉아 밥을 먹는다는 일은 무겁고 또 질겨서 헤어날 수 없을 듯했다.(18쪽)'에서 짐작할 수 있듯이 죽은 아내의 얼굴은 산 자인 서술자에게 오래 기억하고 싶지 않은 일일지도 모르지만 작가는 죽음과 삶이 하나라는 것, 생명은 죽음에서 나오며 죽은 아내의 몸은 살아있는 딸의 몸을 통해 새롭게 변주된다는 것을 독자에게 보여주고 있는 것이다.

5) 애완견 '보리'의 몸

아내는 병상에서 혼절했다 깨어나면서도 개밥을 걱정한다. 아내가 키우던 개 '보리'는 사료를 먹지 않고 국에 말아주는 밥만 먹는 순종 진돗개이다. 병든 아내가 간병인이나 '나'의 도움에 의존해야 하는 것처럼 '보리'도 항상 누군가가 돌봐주어야만 생명을 지속할 수 있는 의존적 존재이다. '보리(菩提.Bodhi)'는 범어(梵語)로서 '극락왕생'을 의미한다. 내세에 사람으로 태어나라고 아내가 이름 지어준 '보리'는 서술자에게 아내를 환기하는 객관적 상관물이기도 하다. 그러나 아내가 죽고 나자 집으로 돌아온 '나'는 '보리'를 동물병원으로 끌고 가서 안락사 시킨다. 이때, 보리의 몸은 철저하게 타자화된 몸이다. 길러보라는 수의사의 권유를 거절하는 나에 의해서 안락사 당하는 보리의 죽음은 1장에서 묘사된 아내의 죽음과 환치된다. '아내의 몸'과 '보리의 몸'은 죽음에 격렬하게 대항하는 게 아니라 '온순'하게 몸을 내맡긴다는 점이 공통점이다.

> 아내의 임종은 편안했다. 숨이 끊어지는 자취가 없이 스스로 잦아들 듯 멈추었고, 얼굴에는 고통의 표정이 없었다. 아내는 죽음을 향해 온순히 투항했다.(11쪽)

> 수의사는 개를 쇠틀에 묶었다. 겁에 질린 개는 온순하게도 몸을 내맡기고 있었다.(49쪽)

보리의 죽음은 자연사가 아니다. 주인의 의사에 의해 무기력하게 목숨이 끊기는 보리의 몸을 보여줌으로써 작가는 신과 운명 앞에서 무기력하게 죽어갈 수밖에 없는 인간의 몸을 독자에게 주도면밀하게 환기한다. 작가의 의도는 '죽음'의 의미가 무엇인지에 대한 질문일 것이다.

6) 상품화 된 현대인의 몸

여태까지 논의한 「화장」의 몸은 유기체로서의 한 개인의 몸이며, 생명 혹은 죽음과 직결되는 현상으로서의 몸에 관한 것이었다. 그러나 몸을 주제로 하여 이 소설을 읽기 위해서는 '세상의 모든 감각들이 관능화 되고 세분화(23쪽)' 된 표상으로서, 자본주의 사회와 연결되어 상품화되어 나타나는 현대인의 몸의 이미지를 소설의 배후에서 찾을 수 있어야 한다. 작가는 이러한 몸의 이미지를 여름 광고문안 논의 과정, 질 방향제 개발 중역회의, 룸살롱 여종업원들의 몸에 대한 묘사 부분에서 잘 드러내고 있다.

화장품 회사 사장은 상무인 '나'에게 아내의 죽음에도 불구하고 기일 내에 신제품화장품의 광고 문안을 결정해야 한다고 전화로 지시한다. 현재 논의되고 있는 광고 컨셉의 핵심 이미지는 '무거움(여자의 내면 여행)'과 '가벼움'의 대립적 이미지이고, 둘 중에서 하나를 선택해야만 한다.

젊은 과장 둘은 여자 모델들을 '머리카락의 질감, 눈동자의 깊이, 눈두덩의 높이, 눈썹의 긴장감, 아랫입술의 늘어짐, 아랫입술과 윗입술이 만나는 두 점의 극한감, 어깨의 각도가 주는 온순성과 애완성(34-35쪽)' 등의 부분적인 신체 이미지로 '분석' 해 나간다. 이들의 대화에서 인간의 몸은 세분화, 상품화, 자본화되어 나타난다. 몸은 이미 생명을 지닌 유기체로서의 몸이 아니라 '손톱, 입술, 눈동자, 허벅지, 장딴지, 눈썹' 같은 부위로 조각조각 나누어져 있는 대상이다. 작가는 인간 내면의 깊이나 정신적인 가치의 우월성보다는 육체의 아름다움을 숭배하는 자본주의 시대의 현대인의 몸을 세분화된 상품으로 이미지화하고 있는 것이다.

질 방향제를 개발하는 중역회의에서 '연구개발실장은 여성 생식기의 여러 부위들을 크게 확대한 해부학 사진들을 천연색 환등으로 보여주면서' 모두 '제가끔' 임을 설명한다. 이때의 몸은 상품화된 몸이며, 제목의 중의적 의미로서 인위적으로 꾸며낸, 가공 상태의 겉모습인 '화장(化粧)' 한 몸으로 파악할 수 있다.

룸살롱 여종업원들의 몸에 대한 묘사에서도 역시 상품화된 몸의 이미지가 드러난다. 현대 자본주의 사회에서 젊은 여성의 몸은 손쉽게 성적 거래의 대상으로 전락한다. 이들의 몸을 표상하는 후각적 코드는 '썩은 곤

쟁이젓 냄새'이다. 이 냄새는 죽어가던 아내의 몸에서 나는 '악취'를 독자에게 환기한다. 따라서 생명의 상징인 '추은주'에게서 나던 '젊은 어머니의 젖냄새'와는 대조적으로, 죽어가는 몸과 상품화된 현대인의 몸은 모두 '썩은' 냄새를 풍기는 부정적인 대상으로 형상화되고 있다.

광고 문안을 결정하지 못해 혼란스런 심리상태의 서술자는 '헛것들이 사나운 기세로 세상을 휘저으며 어디론지 몰려가고 있는 느낌(35쪽)'이 든다. 그러나 아내를 화장하고, 추은주가 사직하고, 보리를 안락사 시킨 날 밤 서술자는 광고 문안을 '가벼워진다'로 결정하고 모처럼 깊이 잠든다. 서술자는 삶과 죽음에 대한 인식론적 '무거움' 대신 '가벼움'을 선택하고 있는 것이다. '내 모든 의식이 허물어져 내리고 증발해 버리는, 깊고 깊은 잠이었다(50쪽)'로 이 소설은 마무리되고 있다.

3. 죽음의 양상

'죽음' 혹은 '죽어가는 몸'에 대한 언급은 오랫동안 금기의 대상이었다. 그러나 김훈의 「화장」은 죽음의 문제를 회피하지 않고 정면으로 이야기한다. 작가는 냉정하리만큼 객관적으로 병으로 죽어가는 아내의 몸을, 결핍된 나의 몸을, 생명이 피어오르는 추은주의 몸을 묘사한다. 그러나 독자는 다소 고통스럽다. 엘리아스식으로 말하자면, 이 소설이 우리에게 고통을 주는 이유는 죽어가는 사람의 모습을 봄으로써 그들의 죽음이 우리에게 다가올 죽음을, 죽어가는 고통을 상기시키기 때문일 것이다.

『죽어가는 자의 고독』에서 엘리아스는 현대의 문명화된 죽음의 특성으로 '위생적인 죽음, 때 이른 죽음'을 들고 있다. 노화라는 자연적인 부패의 과정은 죽어가는 자에게나 그를 바라보는 살아있는 자들 모두에게 폭력적으로 받아들여지며, 현대인의 감각에 깊이 심어진 문명의 청결, 위생에 대한 강박은 더욱더 죽음을 회피하게 만들고 격리시키며 죽음을 부끄럽고 당혹스러운 것이자 잔혹한 이미지로 드러낸다고 한다.[3]

엘리아스는 현대의 '위생적인 죽음'에 대해 "오늘날은 사정이 다르다. 역사상 그 어느 때보다도 죽음은 사회생활의 배후로 밀려 났고, 위생적으로 제거되었다. 역사상 그 어떤 선례를 찾아볼 수 없을 정도로 시체는 악취 없이 신속하게, 죽음의 병상에서 무덤으로 너무도 완벽하게 기술적으로 처리되게 되었다."[4]라고 지적한다.

과거에는 죽음이 우리와 친밀한 것이었다. 병원에서 치료를 받더라도 임종은 집에 와서 맞고 장례도 집에서 치렀으며, 객사하는 것은 불행한 일로 간주되었다. 그러나 현대에는 시신을 집에 들이지 않고 병원의 영안실에서 장례를 치르는 것이 일반화되고 있다. 심지어는 T·V 광고에서도 품격 있는 전문 장례식장을 이용하라고 선전한다.

병원의 영안실은 병원에서 가장 외진 곳으로 격리되며, 실제로 장례가 진행되는 그곳에서 가족과 문상객들은 고인의 모습을 전혀 보지 않는다. 시신이 냉동실로 옮겨지기 때문이다. 과거의 죽음이 가정과 가족 곁에서 자연스럽게 받아들여지는 것이었다면, 현대의 죽음은 가족과 격리되어 병원과 영안실에서 '위생적'으로 처리되는 것이다. 현대사회의 문명화되고 위생적인 죽음 처리 방식에 의해 현대인은 죽음을 처리해야 할 대상으로 여기게 되었다. 사람들은 죽음의 문제를 감정적으로 회피하거나 외면하려 한다. 누군가의 부음을 받으면 의례적으로 영안실을 찾고 형식적인 인사를 나눈 후 바삐 일상으로 돌아간다.

김훈의 「화장」에 드러나는 죽음의 양상은 뇌종양으로 죽어가는 아내의 몸을 묘사하는 대목에서 가장 선명하게 표출되어 있다. 이밖에 장례와 관련된 의식들, 영안실과 화장장 장면에서도 죽음의 양상을 추출할 수 있다.

---

[3] 노베르트 엘리아스, 김수정 역, 『죽어가는 자의 고독』, 문학동네, 1998, p.125에서 요약.
[4] 위의 책, p.35.

가장 특징적인 것은 이 소설에 나타난 죽음의 장면이 엘리아스가 지적한 '근대의 위생화된, 격리된 죽음'의 이미지를 재현하고 있다는 점이다.

당직 의사가 아내의 죽음을 선고하자 옆 침대의 환자는 '얼굴을 찡그리면서 저편으로 돌아' 눕는다. 아내의 시신은 냉동실로 옮겨진다. 이제껏 아내가 누워있던 병실 구석구석에는 온통 '분무 소독액'이 뿌려진다. 염이 끝난 아내의 몸은 '긴 나무토막' 처럼 보인다. 그 나무토막의 아래쪽에 걸린 '꽃신' 만이 그 나무토막이 나무토막이 아니라 누군가의 몸이었음을 말해준다.

"운명하셨습니다." 당직 수련의가 시트를 끌어당겨 아내의 얼굴을 덮었다.……심전도 계기판의 눈금이 0으로 떨어지자 램프에 빨간 불이 깜박거리면서 삐삐소리를 냈다.……옆 침대의 환자가 얼굴을 찡그리면서 저편으로 돌아누웠다.(11쪽)

"시신은 병실에 두지 못합니다. 곧 냉동실로 옮기겠습니다." 수련의가 전화로 직원을 불렀다. 직원 두 명이 병실로 들어와 아내의 침대 주변과 쓰레기통, 변기에 분무 소독액을 뿌렸다.(12쪽)

염을 할 때 아내의 몸은 한 움큼이었다. 염습사는 기를 쓰듯이 염포를 끌어당겨 아내의 시신을 꽁꽁 묶었다. 염이 끝난 아내의 몸은 긴 나무토막처럼 보였다. 그 나무토막의 아래쪽에 꽃신이 걸려 있었다.(45쪽)

아내의 시신을 소각하는 화장장은 '첨단 완전 소각 시설을 갖추어 연기가 나지 않고 공해물질이 발생하지 않는' 곳이다. 유족들은 번호표를 받고서 유골을 수령한다. 이 소설에서 죽음은 철저하게 자본과 숫자의 이미지로 타자화되어 나타난다. 죽음 이후 시신의 처리 과정은 냉동실과 화장장을 거친다. 인간의 '몸'은 '얼음'이 되었다가 '불'이 되었다가 '뼛조각 몇 점과 재'의 이미지로 환치된다.

> 121번 소각 완료……유족들은 관망실로 오셔서 유골을 수령하시기 바랍니다. 122번 소각 완료 예상시간 오후 한 시 삼십 분, 123번 소각 완료 예정시간 오후 한 시 사십 분…… 본 화장장은 첨단 완전 소각시설을 갖추어 연기가 나지 않고 공해 물질이 발생하지 않습니다. 국토이용 효율화를 위해 화장에 적극 협조하여 주시기 바랍니다.(46쪽)

> 염을 한 직후에 아내의 시신은 다시 병원 냉동실로 들어갔었다. 아침에 다시 시신을 꺼내 화장장으로 싣고 왔으니까, 아내의 몸은 아마, 언 상태에서 탔을 것이다. 얼음과 불 사이는 가깝게 느껴졌다.(47쪽)

> 뼛조각 몇 점과 재들이 소각로 바닥에 흩어져 있었다.……대퇴부인지 두개골인지 알 수 없이 흩뿌려진 조각들이었다. 희고, 가벼워보였다.…… 직원이 빗자루로 뼛가루를 쓸어서 쓰레받기에 담아서 유골함에 넣었다.(47쪽)

소설에서 드러나는 죽음에는 '슬픔'이 없다. 죽음에 슬픔의 정서가 제거되어 있고, 심지어는 정서 자체가 사소하게 처리되고 있는 것은 현대의 죽음이 지닌 특성이다. 의사는 아내에게 뇌종양이라며 죽음을 선고하면서 종양이 '생명 속에서만 발생하는 또 다른 생명'임을 말한다. '죽은 자는 종양에 걸리지 않고, 살아있는 자만이 종양에 걸리는 것'은 죽음이 산 자에게만 찾아온다는 아이러니이다. 이를 받아들이는 서술자의 정서는 '무덤덤함'으로 귀착된다. 서술자 '나'는 아내의 죽음 앞에서 슬퍼하지 않는다. 아내의 죽음은 '초상을 알리는 일, 신문에 부음을 내는 일, 사망신고 제출, 화장 순번 예약, 납골함 구입' 등의 '복잡한 절차'일 뿐이다. 그러나 자본주의 사회에서 이 모든 복잡한 절차는 영안실 직원의 전화 몇 번으로 끝난다. '나'에게 아내의 죽음은 휴대폰이 죽는 사소하고 '하찮은' 소리로 환치된다.

> 아내의 죽음을 몸으로 감당해야 할 사람은 나였지만, 아내의 장례 일정 속에서 나는 아무런 할일이 없었다.(19쪽)

> 휴대폰이 죽는 소리는 사소했다. 새벽에, 맥박이 0으로 떨어지면서 아내가 숨을 거둘 때도 심전도 계기판에서 그런 하찮은 소리가 났었다.(13쪽)

빈소로 전화를 걸어온 경리직원은 아내가 죽기 전 일주일 동안의 치료비와 병실료를 납부해 달라고 요구한다. 죽음은 '죽은 자 그 자신의 사업일 뿐', 처리되고 신속히 계산되어야 할 그 무엇이다.

> 환자가 이미 죽었는데, 살아 있던 동안의 마지막 치료비를 내놓으라는 요구는 공정한 거래가 아닌 것도 같았지만, 죽음은 죽은 자 그 자신의 사업일 뿐 병원이 거기에 대해서 책임을 질 수는 없을 것이다.(19쪽)

영안실로 걸려온 사장의 전화는 의례적인 애도의 뜻을 표하면서 '슬프겠지만' 이틀 후까지 신제품의 광고 문안을 결정해야 한다고 지시한다. 서술자는 저녁에 찾아온 두 과장과 빈소에서 광고 문안 논의를 한다. 죽음의 자리에서 '슬픔'은 제거되고, 바쁜 현대인의 '일상'과 '업무'만 살아 숨 쉰다. '밤샘을 할 작정인 직원 몇 명과 대학동창생들이 식당에서 고스톱을' 치는 장면도 현대에 일상화된 영안실의 풍경이다.

아내의 죽음은 5천 6백만 원의 부의금과 바뀌고, '나'는 그 돈으로 '딸의 혼수를 장만하느라고 빌려 쓴 은행 빚을 갚아야' 겠다고 생각한다. 부의금은 경리과 직원에 의해 수표 한 장으로 바뀌어서 서술자의 책상 위에 놓인다. 이제 '아내'는 없고, '수표 한 장'만 남아있다. '수표 한 장'은 현대 사회의 인간이 자본으로 환치되어버리는 사소한 존재임을 말하기 위해 작가가 의도적으로 배치한 상징으로 해석할 수 있다.

4. 결론

'몸과 죽음의 담론'으로 텍스트 독해를 시도함으로써 소설의 다양한 대립적 요소들을 추출하여 대비해 보고, 소설의 의미구조를 파악할 수 있었다. 그 결과 이 작품이 '죽어가는 몸'과 '살아있는 몸'의 대립, 죽음과 삶에 대한 인식론적 '무거움'과 '가벼움'이라는 대립적인 의미 쌍을 가지고 있다는 것을 밝힐 수 있었다. 그러나 중요한 것은 이러한 의미구조를 밝히는 데 있는 것이 아니라 그것이 '인간의 몸과 죽음에 대한 서사'라는 소설의 핵심적 주제를 구현하는 데 얼마나 기여하고 있는지를 규명하여 작품의 해독을 정교화 하는 데 있을 것이다.

김훈의 「화장」은 몸과 죽음에 대한 진지한 탐구의식을 보여주고 있는 텍스트이다. 화장(化粧)과 화장(火葬)이라는 중의적 의미를 내포하고 있는 제목에서부터 휴대폰이나 색채상징과 같은 세부적인 디테일까지 '몸의 소멸과 죽음'이라는 주제를 창출해 내는 요소로 사용하는 주도면밀함을 보여준다. 인물들의 몸부터 광고 문안에 이르기까지 텍스트는 시종 무거움과 가벼움 사이에서 병치되고 대립적으로 구조화되고 있다.

소설의 결말에서 서술자는 광고 문안을 '가벼워진다'로 결정하고 '모처럼 깊은 잠'에 빠져든다. 가벼워진다는 것은 억압과 속박에서 벗어난다는 의미일 것이다. 표면적으로 서술자는 아내가 죽고, 추은주가 사직하고, 딸이 결혼하여 외국으로 떠나고, 보리를 안락사 시키고, 방광을 비워서 홀가분하게 된 상태이다. 가벼워져야만, 억압과 속박에서 벗어나야만 깊이 잠들 수 있는 것이 인간이다. 그러나 인간은 배뇨되지 못하는 방광의 무게로 인해 내일이면 다시 무거워질 수밖에 없는 육체를 지닌 존재이다. 육체를 지닌 인간, 삶의 인식론적 무거움에서 벗어날 수 없는 인간은 살아있는 한 결코 완벽하게 가벼워질 수 없다. 죽어가는 아내는 점점 가벼워지다가 한 줌의 재로 화했다. 소설이 제시하는 것은 진정한 가벼움은 화장(火葬), 즉 죽음을 통해서만 가능하다는 것이다. 이것은 유한자인 인간의 숙명이자 아이러니이다.

한자(漢字)를 병기하지 않아 죽음과 소멸을 상징하는 '화장(火葬)'과 생명과 아름다움을 상징하는 '화장(化粧)'의 중의적 해석의 길을 의도적으로 열어 놓은 것처럼 보이는 이 소설에서 작가는 처음부터 끝까지 다양한 방식으로 변주해 가면서 독자에게 묻는다. 생은 가벼운 것인가, 아니면 무거운 것인가?

■ 참고문헌

김 훈, 「화장」, 『2004년도 제28회 이상문학상 작품집』, 문학사상사, 2004.
최용호, 『텍스트 의미론 강의』, 인간사랑, 2004.
노베르트 엘리아스, 김수정 역, 『죽어가는 자의 고독』, 문학동네, 1998.
크리스 쉴링, 임인숙 역, 『몸의 사회학』, 나남출판, 1999.

문학의 지향과 몸에 관한 고찰
- 김훈의 「언니의 폐경」을 중심으로

황경숙

문학의 지향과 몸에 관한 고찰
– 김훈의 「언니의 폐경」을 중심으로

황 경 숙

1. 서론

1) 연구의 필요성

오늘날 거대자본주의는 문화적 풍토의 거점으로 몸을 산정하여 소비와 쾌락을 조성해 가고 있다. 이처럼 물질적 풍요를 향유하는 현대사회의 풍토는 몸을 개인의 자아 정체성의 일부로 보며 편집이나 변형은 일종의 프로젝트로 인식하기에 이르렀다.

오락산업과 향락산업은 몸의 사회성-그 권력과 권위의 매혹-을 자극하고 차별화 하여 끊임없이 매혹의 우상을 만들면서 유지·발전한다. 따라서 몸의 향락에 보는 것이 추가된다.[1] 이러한 대상화로의 추세는 유독 여성에게서 그 경향이 두드러진다. 보여지는 이미지를 절대시하는 이들

---
1) 이거룡 외, 『몸 또는 욕망의 사다리』, 한길사, 2001, p.281.

은 인위적인 미의 기준에 따라 몸의 수정도 서슴지 않는다. 몸의 수정이 자유의사인 만큼 수정과 관련한 치명적인 오류 또한 몸의 주체인 개인의 몫이다. 그 오류는 더러 평생 동안 치유 불가능하거나 죽음으로까지 내몰기도 한다. 이미지 향상을 위해 성형 수술이 성행하며 쌍꺼풀 수술 정도는 일상에 파급되어 있다. 나아가 원하는 턱선을 위해 턱뼈도 과감히 깎아내고 지방을 제거하기 위해 복부 절개를 서슴지 않으며 볼륨 있는 가슴을 위해 수술대 위로 향한다. 그러나 아무리 이미지의 부가가치가 높을지라도 생명의 중요성을 능가할 수는 없다.

오늘을 살아가는 현대인들은 가치관의 혼란 속에 놓여 있다. 이미지가 세상을 온통 점령하려 들기에 가치관이나 정신은 유행 지난 장식물처럼 유리관 속에 넣어두고 이미지 향상에 총력을 기울여야 마땅한 일처럼 느껴진다. 그러한 동요는 타인의 시선을 위하여 자신의 몸에 위협을 가하는 일을 자행하게 되는 결과로 이어지기도 한다. 가치관의 혼란을 야기하고 건강을 위해서가 아니라 이미지를 위해서 몸에 대한 편집을 정당화하려는 이러한 거대한 동요의 진원지는 어디인가를 고찰하기 위하여 인간의 삶을 재현하는 문학을 고찰하는 일은 의미 있는 일이다.

본 연구자는 몸에 대한 사회적 중요성이 어느 때 보다도 중요하게 드러나는 시점에서 남성 작가는 여성을 어떻게 서술하고 있는지에 대한 고찰로써 몸과 관련한 문학 작품 연구의 필요성을 인식하게 되었다.

2) 연구 목적 및 대상

본 연구자가 대상으로 삼은 작품 「언니의 폐경」은 작가 김훈이 2005년 황순원문학상을 수상한 수상작품이다. 김훈은 이 작품 외에도 2001년 『칼의 노래』로 동인문학상을 수상한 바 있으며, 2004년에는 단편소설 「화장」으로 이상문학상을 수상하기도 한 유명 작가이다.

김훈은 1948년 서울에서 태어났으며, 오랫동안 신문기자 생활을 했다. 지은 책으로는 독서 에세이집 『내가 읽은 책과 세상』, 『선택과 옹호』, 여행 산문집 『문학기행1,2』(공저), 『풍경과 상처』, 『자전거 여행』, 『원형의 섬 진도』, 시론집 『'너는 어느 쪽이냐'고 묻는 말들에 대하여』, 『밥벌이의 지겨움』, 장편소설 『빗살무늬 토기의 추억』, 『칼의 노래』『현의 노래』 등이 있다.

　본고의 연구 대상작품인 「언니의 폐경」은 오십대인 여성화자의 시점으로 서사를 전개해 가고 있다. 화자는 오십대로서 같은 오십대의 언니를 통해 자아를 조명하는 과정에서 섬세하고 촘촘하게 이야기를 서술해 나가고 있다. 화자는 남편과의 이혼으로 인한 이별의 와중에서 형부와 사별하게 된 언니를 재조명하는 과정에서 자기중심적 사고로 살아가는 딸 연주와 지배적 근성을 발산하는 조카들의 삶을 첨가시킨다.

　작가는 이 작품에서 남성이 그려내는 여성의 이미지가 여성작가도 놀랄 정도라는 극찬을 받기도 한다. 한 예로 문학평론가 김치수는 "아마도 오십대 여성의 몸의 변화와 내면을 이처럼 과장 없이 설득력 있게 서술한 작가는 남녀를 불문하고 처음이 아닐까 생각된다."고 했다. 이와 같이 수상작으로 비평가의 극찬과 독자들의 관심을 받는 작품이기에 보다 촘촘한 고찰이 더욱 요구되고 있는 것이다. 정전으로 분류되는 남성작가의 텍스트를 다시 읽는 가운데서도 남성비평가들은 끊임없이 남성 중심적이고 환원적인 의미만을 만들어[2]내므로 자칫 편집된 여성의 이미지가 여성의 본질 그 자체로 오인될 우려를 소지하고 있다. 더구나 「언니의 폐경」과 같이 수상작이 되고 베스트셀러가 된 작품일 경우에는 그러한 경향이 더욱 강하게 파급될 수 있다.

　이에 본고는 남성 작가가 묘사하는 여성적 이미지가 「언니의 폐경」에서

---

[2] 팸 모리스, 강희원 역, 『문학과 페미니즘』, 문예출판사, 1999, p.100.

는 어떻게 형상화되고 있는지를 고찰하고자 한다.

2. 문학에서 재현되는 몸

1) 「언니의 폐경」에 재현된 몸의 불균형

여러 문학 작품에서 그렇듯이 김훈의 작품에서도 남성 중심의 선형적 세계관이 더러 반영되어 있다. 이러한 세계관은 우리의 문화 풍토 속에서 오랫동안 내재해 왔기 때문에 독자 또한 저항의식 없이 수긍하게 되기도 한다. 그러나 남성과 여성이라는 이분법적 사고를 벗어나 인간이라는 통합적 세계관을 중심으로 볼 때 그러한 서술은 정당할 수 없다. 어느 한 쪽의 우월적 향유는 다른 한 쪽의 열등적 착취를 수반하게 되므로 바람직하지 못하다. 그 까닭은 우월적인 선형적 세계관으로 인한 대립과 모순이 개인의 몸에 가해지는 복종, 억압, 나아가 죽음까지도 양산해 낼 우려 때문이다.

김훈의 「언니의 폐경」은 비평가들이 보낸 찬사처럼 여성보다 더 여성을 잘 묘사한 부분들도 있다. 그런 가운데서도 어느 부분은 남성 작가가 재현하는 이미지화된 여성이 등장한다는 사실이다. 모든 종류의 재현물에 남성 권력이 내재해 있고 문화 비평은 그것을 밝혀내야 한다.[3] 그런데 황순원문학상의 심사위원은 공교롭게도 모두 남성이다. 사정이 이렇고 보면 여성 화자가 된 남성작가가 여성의 내면을 묘사함에 있어서 진실성에 대한 조명이 요청된다. 이러한 측면에서 「언니의 폐경」에 대한 서사를 살펴보고자 한다.

언니는 내 아파트에 기척이 남아 있는 어떤 사내가 유부남이라는 확신을 가지고 있는 모양이었다. 언니의 확신이 틀린 것은 아니었다. 나는 대답

---

3) 수잔나 D.월터스, 김현미 외, 「이미지와 현실 사이의 여성들」, 또 하나의 문화, 1999, p.74.

하지 못했다. 언니는 또 말했다.

　- 넌 목뒤가 예뻐서 머리를 틀어 올리면 좋을 거야. 키도 더 커 보이고.

　실 핀으로 머리 뒤쪽을 동여 놓으면 형태가 고정되고 머리카락이 흩어지지는 않겠지만 남자의 손길을 받기가 불편하고 머리카락이 한데 뭉쳐서 남자가 좋아하지 않을 거라고 나는 언니에게 말해줄 수가 없었다. 언니, 머리를 뒤로 틀어 올려서 실 핀으로 고정시키면 보기에는 좋아도 안기기에는 좋지 않아……라고 언니에게 말해줄 수는 없었다.(25쪽)

　인용에서 '남자의 손길을 받기', '남자가 좋아하지 않을 거라고', '안기기에는 좋지 않아'는 철저하게 대상화된 여성 이미지를 확인할 수 있다. 이야기에서 화자가 애타게 그 남자의 손길을 바라고 있는 것이 아니다.

　그런데 '받기', '안기기' 등의 피동적 표현은 대상화된 화자가 남자로부터 손길을 받기를 바라는 수동적 입장에 머무르고 말게 되는 것이다. 오랜 역사 속에서 여성은 성적 욕망이 없는 존재로 간주되었으며 성에 대해 침묵할 것을 강요받아 왔다.[4] 화자 스스로가 '남자와 사랑을 나누기'라는 능동적 주체의 자리는 이미 상실해버린 작가에 의해 조종되는 화자의 모습이 있을 뿐이다. 우리의 시각은 보기만 하는 시선(eye)이 아니라 보여짐(gaze)이 함께 하는 중첩적인 것이다.[5] '남자가 좋아하지 않을 거라고'라는 표현도 마찬가지이다. 바꾸어 표현한다면 '남자가 좋아하지 않는 일은 비록 내가 좋아 하는 일이라도 하지 않는다.'는 전제를 내포하고 있는 것이다. 즉 '받기', '안기기' 등의 피동적 서술은 여성화자의 주체적 체현이 아니라 여성 육체를 남성적 체현을 위해 대상화하고 있음을 지적할 수 있다.

　여성의 몸과 관련한 남성의 지배적 근성을 도식화하면 다음과 같다.

---

4) 송명희, 「타자의 서사학」, 푸른사상, 2004, p.65.
5) 권택영 엮음, 앞의 책, p.31.

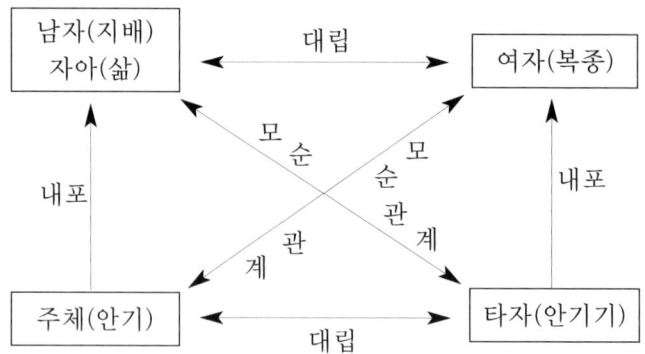

이것은 남성 관점에 의해 주체적 여성으로서의 모습을 잃은 대상화된 여성을 서술하고 있으며 그것은 제도나 사회적으로 당연시되는 것처럼 여겨진다. '안기기에는 좋지 않아'에서 볼 때 안기는 대상은 안는 주체를 자동적으로 수반하고 있다. 여성의 몸은 남성이 안아주면 안기는 피조물이 되는 것이다.

> 남편이 길고 윤기 나는 머리카락을 속옷에 붙여오는 동안에, 그리고 그 머리카락의 파마가 스트레이트에서 웨이브로 바뀌는 동안에도 나는 시댁의 향사 때나 시할아버지, 시아버지의 기제사 때, 시댁 사촌 육촌 조카들의 혼사가 있을 때, 그리고 추석과 설에 한복을 차려 입고 남편의 고향에 다녀왔다. 남편의 고향은 경상북도 내륙 산간의 소읍이었다. 그 소읍에서 장남인 시아주버니가 일찍 혼자되신 시어머니를 모시고 삼대를 봉사하고 있었다. 시아주버니는 물려받은 농토와 임야를 잘라 팔아서 어른의 위엄을 유지하고 있었는데 문중의 사위, 조카, 손자 항렬들이 누가 서기관이 되었고 이사관이 되었으며 누가 과장이 되고 상무가 되었는지를 손살피처럼 환히 꿰고 있었다.(32-33쪽)

남편과 아내라는 제도에 함께 공약하였지만 남편이 먼저 공약을 파기한 사실을 즉 남편의 여자가 생겼다는 사실을 알면서도 아무렇지도 않는 듯이 감정의 잔재나 갈등의 흔적, 고뇌의 자취는 어느 부분에서도 찾아볼 수 없다. 제츠 스프리는 전혀 조화롭지도 않고 끊임없는 갈등 속에서 헤어 나지 못하는 수많은 결혼 생활이 안정이라는 이름으로 존속되고 있음을 지적하기도 했다.6) 서사에서 결혼 생활은 기계화가 되고 아내로서의 여성은 부속물로 치부되고 있다. 도구화된 여성화자는 감정을 모두 제거(당)한 채 그저 기계화되어 시댁의 향사, 기제사, 혼사에 참여하여 전이나 부치는 생산 활동에 참여하게 된다. 여기서 신격화라 함은 그 모든 인간사의 고뇌와 갈등과 번민은 이미 초월해버린, 육체는 물론 정신적으로 현실이 아닌 이미지에 불과할 뿐인 여성으로 볼 수 있다.

여성을 정복과 보호의 대상으로 다루기 등 남성의 행동의 근본을 차지하고 있는 기본적인 문제, 즉 남녀 관계의 현실 뒤에 있는 근원적 문제는 바로 남자가 여자를 바라보는 방식, 즉 시각 양식에 있다.7) 이러한 여성의 기계화, 제도의 도구화는 여성만의 문제가 아님을 이어지는 서사에서 보여주고 있다. 즉 화자의 시아주버니는 홀시어머니를 모시고 삼대 봉사를 하며 살고 있다. 물려받은 농토와 임야를 팔아서 어른의 위엄을 유지한다는 얘기다. 전통적 가족제도와 가부장제도에 의해 자신보다 체면과 형식을 지켜야 하는 대상화의 또 다른 모습을 보여주고 있는 것이다.

> 형부가 죽고 나서 언니에게 돌아온 보상금이며 퇴직금은 대부분 조카가 가져갔다. 조카는 언니의 시댁 사람들과 싸워서 시댁에서 몰아간 부의금 절반도 기어이 받아내 차지했다. 조카는 돈을 받아낸 날 언니에게 전화를 걸어와, 이래서 여자들한테 집안일을 맡길 수 없다니깐……이라고 말했다고 한다.(37쪽)

---

6) 송명희, 『섹슈얼리티・젠더・페미니즘』, 앞의 책, p.211. 재인용.
7) 수잔나 D.월터스, 김현미 외, 앞의 책, p.90.

화자 조카 즉 언니의 큰아들은, 창업공신으로 죽은 아버지의 공으로 새로 지은 공장의 구내식당 경영권을 얻어서 지배인을 고용하여 운영하며 수익금만 챙겼다. 그런 조카는 이후 화자의 언니가 문상객을 맞는 동안 시댁 식구들이 챙겨간 부의금 절반을 도로 환수하기도 한다. 주체로서 순환이 정당화되어 조카에게로 전수되고 있으며 조카는 왜곡된 주체의 수탈적 모습을 보이고 있다. 아버지 부의금을 두고 다투는 조카는 정당한 수입을 환수하는 것도 아니고 환수한 수익금을 정당하게 쓰려는 의지를 보이지도 않는다. 다만 금전 챙기는 일에는 양보를 않는 지배적 소유 근성을 지닌 인물이다. 그러기에 어머니에게 전화를 걸어 도로 큰 소리를 치는 인물이다. 조카는 자신이 아주 정당화된 자본소유권자처럼 말하고 있다. '여자들'이 목적에 대한 투쟁의 의지가 없는 나약한 인물로 치부하고 있는 것이다.

'여기 경주예요. 지금 올라가면 밤 열두 시쯤 도착할 거예요. 밤에 올 수 있어요?' (58쪽)

위는 소설의 끝 부분인데 이 소설에서 처음으로 화자가 내면의 목소리를 처음으로 드러내는 부분이다. 스스로가 더 이상 데카르트적인 '사유하는 주체'가 아니고 '욕망하는 주체'임을 인정할 때 인간은 실재와 불행하지 않은 만남을 이룰 수 있다.[8] 그동안의 긴 서사들은 타자화된 여성, 대상화된 여성으로서 그저 세월에 의해 이끌려 왔을 뿐이다. 이제 화자는 자기 자신에 대한 주체로서 그것도 아직은 언니의 눈치를 피해 화장실에서 전화라는 매체를 통해 조심스럽게 발설하고 있는 것이다.

---

8) 권택영 엮음, 앞의 책, p.30.

2) 몸 인식에 관한 리얼리티 재조명

「언니의 폐경」은 남성작가의 작품으로서 여성 화자로서의 시점에 대한 리얼리티의 문제와 생물학적 사실에 대한 문제가 드러나기도 한다. 물론 여성작가가 그리는 여성과 남성작가가 그리는 여성에 대한 차이점은 있을 수 있다. 그러나 그것이 오류로 나타난다면 작품에 대한 신뢰를 저하시키며 그로 인한 감동도 반감될 것이다. 더구나 심사위원마저 모두 남성비평가로 구성되어 있었기 때문에 여성성에 대한 오류가 간과되고 있다. 이러한 관점에서 작품과 관련한 남성성, 여성성에 관한 리얼리티를 재조명하는 일은 중요하다.

> 남편의 속옷에 붙어 있던, 길고 윤기 나는 머리카락에 관하여 나는 한마디도 묻지 않았는데, 마지막 예절과 헤어짐의 모양새로서 잘한 일이지 싶다. 모든 절차를 법원으로 가져가지 말고 합의로 처리하되 정리가 끝날 때까지 우선 별거할 것, 연주의 남은 학업과 결혼은 함께 대처하되 부모로서의 품격은 유지할 것, 이혼이 성립될 때까지는 별거의 사실을 남편의 회사나 시댁 문중에서 눈치채지 못하게 할 것, 별거 기간 중의 내 생활비는 매달 2백만 원씩을 남편이 부담하고 이혼에 따른 재산 분배는 추후 논의하되 합의를 원칙으로 할 것을 남편은 요구했고 나는 모두 다 동의했다.(36-37쪽)

위는 화자의 결혼생활 일부를 묘사하고 있다. 일부일처제에 있어 부부간의 정절은 부부 쌍방에게 요구되는 의무사항[9]이다. 결혼을 하고 몇 십 년의 세월이 흘렀는데 남편의 이러한 이혼 제의에 아내의 생각이란 아예 찾아볼 수 없다. 남편의 갖가지 제안에 그저 단순히 수락하는 상황이며 '나는 모두 다 동의했다'라는 표현을 하고 있다.

---

9) 송명희, 「타자의 서사학」, 푸른사상, 2004, p.110.

서술대로라면 그때의 용어는 동의라기보다는 '요구하는 대로 했다.' 라는 표현이 더욱 설득력을 얻을 수 있을 것이다. 남편은 화자에게 여러 가지 제안을 하고 있다. 남편의 제안에 대해 이의를 발설하지는 않을지라도 내면적인 갈등이라도 나타날 수 있는 부분이 있었더라면 설득력을 더욱 확보할 수 있을 것이다. 여기서 서사 구성상의 리얼리티를 생각해 볼 수 있는 문제다. 작중 화자의 결혼 생활 기간이 정확하게 몇 년이 되었는지는 명기되어 있지 않다. 하지만 적어도 딸이 유학을 떠나는 사실로 볼 때 족히 20년은 넘은 것 같다. 그러면 20년의 세월을 부부의 인연으로 함께 살아온 화자가 말 한마디 않고 남편이 일방적으로 제의하는 이혼을 위한 준비 조건 제의에 그렇게 뜻이 일치할 수 있을지에 대한 리얼리티의 문제를 제기할 수 있다.

> 폐경이 임박하면 작은 심적 충격에도 때 아닌 출혈이 있을 수 있다고 여성잡지에서 읽었는데, 형부의 돌연한 죽음이 언니의 생식기관속에서 난데없는 배란과 출혈을 일으킨다는 것은 상상할 수 없었다. (20쪽)

언니는 형부의 사고사(事故死)로 심한 충격을 받았을 것이다. 그러한 심리적 충격이 육체적인 증상으로 나타나고 있다. 그러한 연유로 화자는 '형부의 돌연한 죽음이 언니의 생식기관 속에서 난데없는 배란과 출혈을 일으킨다는 것은 상상할 수 없었다.' 라는 표현을 하고 있다. '형부의 돌연한 죽음이 언니의 생식기관속에서 난데없는 배란과 출혈을 일으킨다는 것' 이라는 표현을 꼼꼼히 살펴볼 수 있다. 화자의 언니는 갑작스런 남편의 사고사 연락을 받고 출혈을 일으켰다. 그러나 배란과 출혈이 동시에 일어나지는 않는다는 여성의 인체에 대한 과학적 사실을 간과하고 있다. 따라서 이 서술에서의 생물학적 리얼리티의 문제를 제기할 수 있다.

3) 통합적 세계관의 요청

서사의 주인공인 여성 화자는 가족의 해체 위기에 처해지면서 문제 상황에 직면하게 된다. 자본주의 체제의 가사 노동에 대한 문제에서부터 존재의 문제, 나아가 형부와 언니의 시어머니와 그이의 아내의 죽음의 문제까지 의식하게 되는 과정에서 통합적 세계관을 요청하고 있다.

> 형부가 죽고 나서 언니가 항공사로부터 받은 배상금, 삼십 년 근속한 형부의 퇴직금, 순직보상금, 형부의 생명보험금, 장례 때 들어온 부의금은 모두 이십억이 넘었다. 언니는 그 돈의 대부분을 장성해서 결혼한 두 아들과 시댁 남자들에게 내 주었다. 내주었다기보다는 뺏겼다고 말하는 편이 옳겠다. 언니는 늘 남을 어려워했고 금전 문제로 남과 다툴 수가 없었다. 언니의 아들들은 당연한 권리로서 자기네들의 몫을 요구했고 시부모는 혼자 된 며느리를 남의 자식처럼 내치면서 돈을 가져갔다.(37쪽)

화자의 언니는 가사노동의 대가로 아무것도 보장받지 못한다. 그저 단순히 제도화된 가정의 틀 속에서 시간을 소요했을 뿐인 삶이다. 자본의 대가도 없을 뿐더러 더욱 중요한 사실은 서사의 어느 부분에도 자신을 위한 삶을 살았다는 이야기는 없다.

언니의 삶을 어떻게 보아야 하는가? 자본주의 제도를 따랐으나, 자본에 대한 대가가 보장되지 않으며, 결혼이라는 사회제도에 충실했으나 서사를 따라가다 보면 시댁으로부터 자신의 존재가치를 인정받지 못하며, 아들을 키웠으나 아들이 어머니의 존재가치를 인정해주는 것도 아니다. 그렇다고 자신의 삶을 향유하며 살아온 것도 더욱 아니다. 화자의 언니가 정확히 어디에 가장 중점을 두고 살았는지는 묘사되지 않는다. 단지 이야기의 정황으로 미루어보아 그저 평범한 여성으로 살아온 인물로 여겨진다. 어쨌거나 결국 시간이 지난 그녀에게 가족제도는 아무 것도 해 주지 못한다. 가족이라는 제도 하에서 젊음을 상실하고 남은 것은 폐경을 맞고 있는 55세의 육신일 뿐이다.

> 말이 사라지고, 세월이 사라진 자리에 7 : 3이 남아 있었다. 7 : 3으로 몫을 가르자면 어떤 절차가 필요한 것인가를 생각하다가 그만두었다. 연주의 편지를 한 번 더 읽었다. '칠 대 삼'이 아니라 '7 : 3'이라고 적혀 있었다.(29쪽)

오늘날 존재하는 자본주의 하에서 여성은 동등한 일에 대한 동등하지 못한 임금, 직장에서의 성추행, 보상받지 못하는 가사노동 및 공과 사의 분리라는 유해한 역동성으로 가부장제를 경험한다.10) 이러한 사실을 좀 더 비약적으로 표현하자면 사회노동의 대가는 7이고 가사노동의 대가는 3이다. 그것도 사회노동을 하면서 육체적 쾌락을 향유할 수 있었던 남편은 7할의 비율이고, 자아를 위해서가 아니라 아내로서 어머니로서 가사노동으로 집안의 굴레를 맴돌았던 아내는 3할의 가치를 인정해 준다. 그 부분에서도 화자는 별다른 저항을 보이지 않는다. 그렇다면 7 : 3의 기호를 그대로 수용한다는 의미가 되는 것이다. 기호의 무저항적 수용이란 제도의 암묵적 인정을 내포하는 것이다. 이렇게 부당한 현실로 인한 몸의 프로젝트가 진행될수록 여성들에게 임신과 출산 또한 자본으로 할 중요한 항목이 될 수 있다. 왜냐하면 이는 몸의 프로젝트에 치명적인 영향을 주기 때문이다.

그런데 화자는 7 : 3의 기호를 그대로 수용할 태세로 서술하고 있는 것이다. 이것은 남성 작가가 만들어낸 생명력을 잃은 여성화자가 묘사되기 때문임을 지적해 볼 일이다.

그렇다고 5 : 5의 이분법으로의 회귀는 결코 대안이 될 수 없다. 굳이

---

10) 로즈마리 퍼트남 통, 이소영 역, 『페미니즘 사상』, 한신문화사, 2003, p.233.

기호화한다면 통합적 세계관이란 5 : 5의 비율이 아니라 5÷5=1처럼 서로를 위하여 나눌 수 있을 때 통합적 사회는 이루어질 수 있을 것이다. 더불어 5-5로 서로를 가해한다면 서로에게 가학적인 0의 세상으로 치달아 다함께 살기 어려운 세상이 될 것이다.

> 나는 그이의 부인에 관하여 묻지 않았고 그이도 아내의 일을 말하지 않았다. 그이의 부인이 오래전에 죽었으므로 나의 사랑은 불륜을 모면하는 것일까. 그리고 그이의 부인이 죽은 줄 모르고 있던 동안의 일들도 모두 사면되는 것일까를 생각하다가 그 질문이 견딜 수 없이 쓸쓸해서 내버렸다. 사랑, 사랑이라고 말하고 나니까, 강물이 다 빠져버린 썰물의 갯벌이 눈앞에 나타난다. 죽음조차도 다 사람이 지어낸 헛된 말이어서, 그이의 부인이 죽지 않고 살아서 동네에서 가까운 찜질방 쇠통에 앉아 밑에 쑥 연기를 쏘이고 있거나 남편의 속옷에 묻어온 앙고라 털을 들여다보고 있을 것만 같았다.(51쪽)

화자는 사랑과 불륜의 규정이 생존과 사멸에서 오는 것인지에 대한 회의를 가진다. 즉 그이의 아내가 살아있다는 가정에서는 화자의 사랑은 불륜이 되고, 아내가 죽었을 경우에는 사면될 수 있을까에 대한 회의이다. 밀물과 썰물이 생성과 소멸의 에피포르를 형성하며 삶과 죽음이 불륜과 사랑을 규정짓게 되는 것 또한 인간이 만들어낸 규정이라고 여긴다.

죽음은 몸을 이해하는 데 아주 중요한 현상[11]이다. 인간 제도가 규정한 몸의 문제가 죽음을 인식한 주체에게는 어떻게 인식되어 갈지에 대한 의문을 던지는 것이 몸에 대한 의식의 단초가 될 수도 있다. 밀물과 썰물의 자연의 이치에서 화자의 삶에 대한 통찰 과정을 묘사하고 있다. 화자와 그이처럼 연인관계에 있는 사람들은 사랑을 주는 쪽이나 받는 쪽 모두 시한

---

11) 크리스 쉴링, 임인숙 역, 앞의 책, p.19.

부 인생이라는 위험들로 둘러싸여 있다.12) 현실에 대한 이해는 우리가 겪는 여러 경험들로부터 내재해 있는 가치체계들을 통해 삶을 인식하게 되는 것이다.

비코는 『이탈리아인의 최고(最古) 지혜』에서 '인간의 정신은 몸에 기초해서, 그리고 인간의 몸은 정신에 기초해서 행동한다. 왜냐하면 몸만이 다른 몸을 만질 수 있고 또 다른 몸에 의해 만져질 수 있기 때문이다.'13) 사람은 몸을 통해서만 (타인)의 눈에 보이기 때문에 눈에 보이지 않는 사람은 있을 수 없다.14) 그이의 아내는 죽었으므로 있을 수 없는 사람이라면 사랑으로 정의할 수 있다. 그러나 존재했던 분명한 흔적이 있으므로 어떻게 인식해야 할지에 대해 화자는 갈피를 잡지 못하다가 내버려둔다.

죽은 자와 살아 있는 자의 가장 중요한 차이는 생기 있는 몸을 가지고 있느냐 아니냐에 달려 있다. 일상적인 삶이든 철학적인 삶이든 그것이 살아있는 사람들의 것인 한에서는 결국 몸으로부터 출발할 수밖에 없다.15) 따라서 삶과 죽음을 아우르는 통합적인, 그러나 살아있는 사람들의 삶을 중심으로 한 세계관의 인식이 요청되는 것이다.

3. 결론

본고는 사회 변화와 더불어 위기에 처하게 된 몸의 중요성에 대하여 문학 작품을 중심으로 논의를 전개하였다. 우리의 몸은 자본주의의 세력 확장과 의료기술의 발달과 각종 시각 매체의 발달로 인하여 인간이 조합한 미적 기준에 따라 이미지를 만들어 가는 세태 속에서 위협당하고 있다. 이미지가 향상되는 일과 삶, 그리고 문학은 어떤 관계에 있는가. 이러한 논

---

12) 위의 책, p.277.
13) 이거룡, 앞의 책, p.114.
14) Vico, On the Most Ancient Wisdom of the Italian, p.55.
15) 이거룡, 앞의 책, p.61.

의의 중심부에는 우리의 몸이 존재하고 있다.

본고는 건강한 몸과 관련하여 문학작품에서는 통합적 세계관 지향에 얼마나 부합하고 있는지에 대해 「언니의 폐경」을 중심으로 살펴보았다. 작품에서 통합적 세계관 지향에 역행하고 있는 서사들을 일부 발견할 수 있었다.

첫째, 지배적 주체에 의한 남성과 여성의 성적 차이를 인정하는 것이 아니라 성적 차별을 조장하고 있었다. 이로 인해 남성의 주체는 몸 그 자체로 가치로운 것이 되며, 여성은 주체에 의해 보여지는 이미지로 가치기준이 측정되어지고 있음을 드러냈다. 주체에 의해 재단된 오십대 여성 화자의 몸이 지닌 가치에 대하여 회의적이지만 서사 끝부분에서 여성 화자는 자신의 몸에 대한 가치 회복에 나서고 있었다.

둘째, 아무리 작가가 치밀하고 촘촘하게 조직한다고 하지만 남성작가가 구현한 여성화자의 모습에는 분명 그 한계가 있었다. 그 한계를 지적할 수 있는 문학적 장치가 없다는 것이 문학의 문제에서 더욱 큰 문제일 수 있다. 작품의 심사나 작품에 대한 비평도 모두가 남성이 하고 있다는 사실에서 문제점을 찾을 수 있다. 그렇게 될 때는 작품에 대한 리얼리티의 문제뿐만 아니라 독자들에게도 성적 차별을 조장할 수 있다.

셋째, 생존하는 사람들의 이미지 향상이 아닌 삶의 가치 향상을 위해서는 통합적인 세계관이 요청되므로 작가도 통합적 세계관 형성을 위해서 여성 화자의 자아정체성을 모색하고 있었다.

인류가 다함께 건강하고 행복한 세상을 건설하기 위해서는 권력과 제도와 이념과 과학기술과 사회현상에 있어 취사선택할 수 있는 통합적 세계관이 요청된다. 그 모든 것은 생기 있는 체험과 현명한 사고를 할 수 있는 인간의 몸의 중요성을 능가할 수 없기 때문이다. 인간의 삶에서 몸에 관한 가치관이 바르게 정립될 때 인간 삶의 재현인 문학도 그 본질적 기능을 다할 수 있을 것이다. 바꾸어 표현한다면 문학적 재현이 바람직한 인간 삶을 구현할 때 인간의 삶의 질 향상을 도모할 수 있을 것이다.

■ 참고문헌

권택영 엮음, 『자크 라캉 욕망 이론』, 문예출판사, 2000.
김인환, 『줄리아 크리스테바의 문학 탐색』, 이화여자대학교출판부, 2003.
김중신, 『한국문학교육론의 방법과 실천』, 한국문학사, 2003.
김훈 외, 『황순원문학상 수상작품집』, 중앙일보문예중앙, 2005.
송명희, 『섹슈얼리티·젠더·페미니즘』, 푸른사상, 2004.
_____, 『타자의 서사학』, 푸른사상, 2004.
이거룡 외, 『몸 또는 욕망의 사다리』, 한길사, 2001.
한국여성철학회, 『여성의 몸에 관한 철학적 성찰』, 철학과 현실사, 2000.
로즈마리 퍼트남 통/이소영 역, 『페미니즘 사상』, 한신문화사, 2003.
수잔나 D.월터스, 김현미 외, 『이미지와 현실 사이의 여성들』, 또 하나의 문화, 1999.
크리스 쉴링, 임인숙 역, 『몸의 사회학』, 나남, 2003.
팸 모리스, 강희원 역, 『문학과 페미니즘』, 문예출판사, 1999.

파편화된 현실에서 훼손되는 몸
– 김승희의 「진흙 파이를 굽는 시간」을 중심으로

이은실

파편화된 현실에서 훼손되는 몸
- 김승희의 「진흙 파이를 굽는 시간」을 중심으로

이 은 실

1. 서론

 이성에 대한 절대적인 믿음이 약해지고 포스트모더니즘이 활발하게 논의되고 있는 요즈음 우리사회는 데카르트가 말한 "나는 생각한다 고로 나는 존재한다"가 아니라 "나는 육체로 말한다. 고로 나는 존재한다."라고 할 정도로 육체로서의 몸에 대한 관심이 집중되고 있다. 전통적으로 정신과 육체의 이분법을 채택하고, 인간을 사회적 존재로 정의하게 만드는 정신에 초점을 둔 데카르트식 전통에 서 있는 사회학에서 육체는 주변적 관심사였다. 그러나 체현(體現)된 자아를 올바르게 개념화 하지 않고서는 사회적 행위의 본질을 이해할 수 없기 때문에 이제 사회학적 분석에서는 정신과 육체로 이루어진 총체적 실체로서의 몸[1]을 주요한 주제로 다룸으로써 명실상부한 몸의 사회학을 구축해야 한다.[2] 몸은 인간 행위의 절대적 구성요소로서 우리로 하여금 행동하게 하고 일상생활의 흐름에 개입하여 그 흐름을 바꿀 수 있게 한다. 행동하는 사람은 곧 행동하는 몸이기 때문이다.

거세게 불어 닥치는 다이어트, 성형 열풍 등의 외모지상주의는 여성들의 새로운 감옥이 되고 있다. 외모를 상품화하는 소비 사회 속에서 남녀 모두는 외모에 대한 억압을 느끼기 마련이지만 특히 여성은 '꾸미지 않는 여자는 자신의 몸을 돌보지 않는다는 사회적 지탄까지 받을 수 있다' 는 압력을 느낀다. 어떤 여성들은 이를 거부하려 하지만, 개인적 저항에도 불구하고 여성 집단을 응시의 대상으로 하고, 여성은 그 응시의 거울로 자신을 보는 것은 가부장제 문화의 어쩔 수 없는 단편이다.

이러한 현상은 물질 만능주의와 포장으로서의 껍데기, 즉 내용보다는 형식을 중시하는 허위의식이 우리 사회에 팽배해 있기 때문이다. 그 결과 내면으로서의 정신과 외면으로서의 육체로 이루어진 우리의 몸은 왜곡되고 훼손될 수밖에 없다. 특히 남성 중심적인 성의 상품화 현상과 가부장제의 잔재가 남아 있는 현실에서 남성에 비하여 상대적으로 여성의 몸이 더욱 상처받고 훼손되는 현상을 체감하게 된다.

이러한 양상이 잘 드러나고 있는 텍스트 한 편을 소개하고자 한다. 2004년도 이상문학상 우수상 수상 작품인 김승희의 「진흙 파이를 굽는 시간」은 파편화된 현실에서 여성들의 몸이 훼손되어 가는 양상을 극명하게 드러내 보여준다. 본 연구에서는 허위의식과 가부장적 관습의 잔재와

---

[1] 본 연구에서는 몸을 정신과 육체로 이루어진 총체적 실체로 정의한다. 이는 크리스 쉴링의 관점에 의거하였다. 크리스 쉴링, 임인숙 역, 『몸의 사회학』, 나남, 2003. 참조
[2] 위의 책. p.8.

성의 상품화에 의해 훼손되어가는 여성의 몸을 몇 가지 시각에서 분석해 보고자 한다. 그것은 허위의식이 팽배한 현실에서 상처받는 몸, 가부장적 관습 속에서 훼손되는 몸, 살아있는 인형으로 왜곡되는 몸이라는 관점이다. 이러한 일련의 과정은 물질만능주의와 말초적인 쾌락위주의 허상만을 쫒는 현대인들에게 바람직한 가치관과 함께 온전한 몸으로 살아갈 수 있는 방법에 대해 진지하게 사유해보는 한 가지 계기가 될 것이다.

2. 파편화된 현실에서 훼손되는 몸

1) 진흙으로 만들어진 몸

김승희의 「진흙 파이를 굽는 시간」은 친구 사이인 네 명의 여성과 이들 네 명의 인물들이 나누는 대화와 독백으로 이루어진 새로운 형식의 소설이다. 그녀들의 이름은 독특하다. 그것은 조지아, 카시오페이아, 안드로메다, 스펀지라는 이름이다. 이러한 이름은 롤랑바르트에 의하면 환칭(換稱)으로 불려진다. 그것은 인물들의 이름을 완곡하게 특징을 나타내는 일반명사로 대체하는 기법이다. 말하자면 그 이름들은 네 명의 등장인물의 몸을 상징적으로 표현하면서, 인물들의 정체성을 드러내 보여 준다.

조지아와 카시오페이아는 에로 전화방에서 남자들의 외설적인 폰팅 상대를 해 준다. 안드로메다와 스펀지는 취객들과 대도시의 소음과 아리랑 치기 등의 무법이 난무하는 도시의 변두리에서 인형을 만들며 살아간다.

조지아라는 이름은 남성처럼 뻣뻣한 이름이면서도 어딘지 모르게 에로틱하여 무언가 정복하기 어려운 것을 정복했다는 그런 심리를 주는 이름이다. 폰팅 상대의 남자들은 그 이름을 부르면서 일종의 허영심을 가진다. 조지아의 폰팅 상대는 지식수준이 높은 사람들이다. 그녀는 대학중퇴의 학력으로 학위논문 대리 집필도 한다. 남편이 지방대 교수이므로 남편이 지방에 가 있는 동안 남편의 서재에 앉아 읽은 책의 지식을 빌려서, 학위 논문의 대리 집필을 한다.

카시오페이아는 카시오페이아 별자리 모양의 구멍이 뚫린 커다란 흙 항아리 속에 습관처럼 들어가 앉아 있다. 그녀는 유약을 바르지 않은 부드러운 흙의 살결을 사랑하는 여자이다. 항아리 속에서 별자리를 머리에 이고 앉아, 엄마의 자궁 속 같은 편안함을 느끼면서, 자식과 자신을 버리고 떠난 남편도 용서할 수 있으리라는 생각을 하게 된다. 그녀의 딸 명옥은 바이올리니스트로 대성할 자질이 충분히 있었으나, IMF로 인한 남편 사업의 실패와 가정의 파탄으로 인하여 대학을 못가고 학원 강사로 일하게 된다.

안드로메다는 약국에 있는 모든 약을 다 먹어도 고칠 수 없는 병을 가지고 있다. 그것은 일종의 우울증이다. 그녀는 인형을 만들어야 밥을 먹을 수 있는데, 정신이 온전하지 못한 아들로 인하여 정신적·육체적 폭력에 시달리며 고통스럽게 살아간다.

어릴 때부터 눈물을 너무 흘려 가슴이 물먹은 스펀지가 된 스펀지는 형제가 많은 집의 맏딸이다. 그녀의 주변에는 가부장적 인식의 소유자인 노년층의 여성이 두 사람 있다. 어쩔 수 없이 떠맡아 함께 살게 된 새어머니와 동생의 시어머니이다. 어린 시절 생모의 사망 후 들어온 새어머니는 빼어난 미모의 소유자로 자신의 외모 가꾸기와 일신의 편함만을 추구한다. 스펀지의 남편은 이러한 장모와 아내에 대한 불만으로 가정을 돌보지 않는다. 동생 연수의 시어머니는 경제력이 없는 아들 대신 가정을 꾸려나가는 만삭의 며느리의 고통보다는, 두 번이나 유산이 된 것에 대해 비난만을 퍼붓는 노인이다.

제각기 다른 양상으로 상처받고, 훼손되고, 왜곡되는 이들의 몸은 진흙으로 만들어진 것으로 상징화 된다.

울지 마. 결코 울지 마. 네가 말했잖아. 울면 네 몸이 묽어진다고. 그러면 진흙이 흘러내린다고. 우리는 간신히 버티고 있는 진흙 파이잖아. 물기가 없어 버석버석하긴 하지만 울면 진흙이 흘러내려. 진흙이 마구 흘러내리면 우리는 자신을 잃게 되잖아. 굽자, 굽자. 또 굽자. 흘러내리는 내 몸을 굽기 위해 나는 너에게 전화를 거는거야. 비내리는 마음의 왕십리에서……진흙 파이를 굽기 위해. 구워야만 해. 구워야만 하지. 비 내리는 왕십리를 헤쳐 나가기 위하여.(145-146쪽)

울지 마라, 울지 마. 나는 말하지. 울면 네 진흙 파이가 엉망이 되고 말지. 엉망이 되어 흘러내리면 자기를 잃고 말아. 울지 마, 울지 마, 진흙 아가야.(152쪽)

네 명의 인물들은 자신들이 모두 버려진 인간이며, 버려진 인간들의 모습은 어딘가 비슷하지만, 각자 버려진 양태는 다르다는 것을 인식하게 된다. 자신들의 몸이 상처받아 파괴되지 않기 위해, 진흙으로 된 몸을 잃지 않기 위해 울지 말아야 할 것을 다짐한다.

2) 허위의식이 팽배한 현실에서 상처받는 몸

해방 이후 오랜 세월 동안 여과 없이 받아들인 서양 문명의 무분별한 흡수는 우리의 의식구조를 치명적으로 악화시키는 방향으로 작용하였다. 물질 만능과 배금주의에 젖은 우리의 현실은 내용보다는 형식, 알맹이보다는 껍데기를 먼저 보고 그것을 당연시하는 사회 풍조를 만들고 말았다.

화려한 포장에 비하여 내용물이 형편없이 보잘것없는 상품들, 실제와는 엄청난 거리가 있는 각종 허위과장 광고들, 대다수 기업들의 능력보다는 학벌 위주의 사원 채용 실태, 품성이나 인격다듬기보다는 껍데기로서의 외모 가꾸기에 수단과 방법을 가리지 않는 육체의 상품화 경향 등 그 예는 수없이 많다. 이러한 허위의식이 팽배한 현실에서 주체성을 가지고 올바른 가치관을 세워서 살아가기는 쉽지 않다. 세태의 흐름에 적당히 타협하고 적당히 왜곡되면서 적당히 비겁하게 사는 사람들이 대다수인 요즈음이다. 조지아도 그런 사람 중의 하나이다. 남편이 대학 교수이며, 자신도 대학을 중퇴한 지식 계급의 여성이지만, 주체를 올바로 세우지 못한 채 학위 논문 대리 집필로, 정신과 육체를 학대하면서, 자신의 몸을 훼손하고 있다.

> 카시오페이아. 내가 요즈음 집필하고 있는 논문 중에 김소월에 관한 것이 있어. 아니 요즈음은 일거리가 거의 없어. 지난번 텔레비전에 대서특필로 나온 것 보았지? 학위논문 대리집필이 성행하고 있다고 우리 사회의 참을 수 없는 부패가 가장 신성해야 할 대학까지 썩게 만들고 있다고. 어제 오늘 시작된 일처럼 대서특필을 하고 기를 쓰고 목청을 돋우어가며 난리법석을 떠는데 며칠 그런다고 누가 눈이나 깜짝할까? 아니, 잠시 눈은 깜짝하지. 그래서인지 논문 의뢰가 거의 좀, 소강상태야. 당장 내가 손해를 보고 있지.(142쪽)

그녀는 지방대 교수인 남편이 지방에 내려가 있는 동안 빈 서재를 도서관 삼아 남편의 책으로 공부를 한다. 논문 대필을 하려면 많은 시간과 지식이 필요하지만, 끼니때마다 챙겨야 할 남편과 자식이 없으므로 시간적으로 여유가 있다. 남편의 지식을 빌려 논문의 대리 집필을 하면서 일종의 자부심마저 가지고 있다. 그러나 한편으로는 자신의 황폐하고 왜곡된 생활에 대한 자학도 하게 된다. 그리고 포장과 껍데기를 중시하는 사회이기 때문에 자신같이 황폐한 정신의 소유자들이 빌붙을 수 있다는 자기 합리화와 함께 허위의식이 팽배한 현실을 비판하기도 한다.

> 한때 탈식민주의적 글쓰기라는 논쟁이 있었잖아. 난 그 논쟁 참 좋아했었거든? 가장 독창적이어야 할 교수들이 쓰는 논문에서 왜 꼭 각주를, 그

것도 가급적 외국 저서에서 인용을 해서 각주를 붙여야 하고, 얼마나 외국 논저를 인용했느냐에 따라 지식의 등급이 형성되는 듯한 분위기, 그런 식민주의적 형식을 꼭 따라야만 논문이 형성된다는 허위의식, 그런 가짜 지성 의식이 우리 학문 풍토를 병들게 하고 있다고, 젊은 교수들이 주축이 되어 탈식민주의적 글쓰기 논쟁을 일으켰는데 흐지부지되고 말았지. 그런 논쟁이 불붙듯이 일어나서 한국의 모든 교수들이 남의 눈 빌리지 않고 자기 눈으로 독창적인 사고와 글쓰기를 해야겠다고 각성을 한다면 사실 나 같은 곰팡이는 발붙일 수가 없게 되는 거지.(144쪽)

내가 참 학위가 없어서 그렇지 나도 참 학위깨나 배출한 사람이야. 그러고 보면 나도 참 굉장하지. 쓰레기보단 나아. 식빵에서 피어난 곰팡이, 더러운 유리창에 번져가는 흐린 눈물(145쪽)

조지아는 논문에서 유명한 학자들의 말을 인용하고, 참고 문헌에 영어로 된 원서가 많을수록 권위 있는 논문이 될 거라는 일반적인 인식과 영어권 학자가 읽어볼 일이라고는 없을 논문에 영문초록을 붙이는 이유 등에 대해서 허위의식과 형식주의의 결과라 결론짓는다. 서구 쪽에서 권위 있는 우수한 학자들이 많이 나온 것은 공인된 사실이며, 따라서 논문을 쓰는 사람들이 유명한 학자의 말을 인용한다거나 서구 쪽에서 나온 영어 책들을 참고하여 논문을 쓰는 것은 일반화되어 있다. 그러나 조지아는 국외 논저를 얼마나 인용했느냐에 따라 지식의 등급이 형성되는 듯한 분위기와 권위 있는 학술지에 실리기만 하면 논문의 점수가 높아지는 현실은 세계 명품 브랜드만 쫓아다니는 십대들의 심리와 다르지 않다는 비판을 하고 있다.

그런데 우리 명옥이…… 우리 명옥이는 지금도 음악 학원에서는 제일 알아주는 명강사인데, 물론 그 학원 학생들은 다 명옥이가 서울 음대 나온 줄 알지, 정말 걔는 바이올린의 혼을 불러내서 그 혼을 향유할 줄 아는 애거든. 학생들은 다 명옥이가 서울대학 나온 줄 안대, 그만큼 뛰어나니까, 아니 원장이 그렇게 광고했겠지. 학원가에선 다 서울대학 출신이라고 하니까, 그렇게 날리는 명강사인데도 명옥이는 삼류대학 다니는 강사들보다 월급이 적어. 학생들은 다 명옥이한테 레슨 받으려고 새벽에 엄마들이 나와 등록하고 난리인데도 명옥이는 대졸강사, 아무리 멍청이 같은 대졸 강사들보다도, 월급이 적어. 걔 밤에 보면 혼자 울더라. 혼자 울고 있어. 정말 줄리어드 음대 나왔다고 해도 세상사람들이 다 믿어줄 그런 실력인데.(152쪽)

    카시오페이아의 딸 명옥이는 위층의 교수가 감탄할 만큼 바이올린에 예술적 재능과 정열을 가진 아이였다. 마치 머리채를 휘어잡고 질질 끌고 가는 것 같은 그 소리를 매일 몇 시간씩 들으면서도 시끄럽다고 타박하기는커녕, 그 여교수는 일부러 아래층에 내려와 '바이올린으로 꼭 성공할 아이' 라는 말을 해주었다. 그러나 명옥이는 IMF로 인한 아버지의 사업 부도로 대학을 가지 못했다. 그 길로 아버지는 미국으로 도망가고, 명옥이는 학원에 들어가 강사 생활을 하게 된다. 명옥이는 탁월한 실력으로 원장과 합의하에 서울 대학 졸업자로 학벌을 속여 가며 학원의 수입을 올려준다. 그러나 명옥이는 실력이 못한 대졸 강사들에 비해 형편없는 대접을 받는다. 여기서 작가는 내용보다 형식, 즉 진정한 실력보다는 껍데기로서의 졸업장을 중시하는 허위의식이 가득 찬 현실의 단면을 보여 주고 있다.
    이러한 현실에서 대접받고 살아가려면 형식을 제대로 갖춘 그럴싸한 껍데기를 만들 수밖에 없다. 고액과외와 부정을 해서라도 명문대학에 가야하고, 건강과 생명의 위협을 무릅쓰고라도 다이어트와 성형으로 육체자본을 만들어야 한다. 물질만능주의와 배금사상에 부합하기 위해서 수단과 방법을 가리지 않고 경제력도 갖추어야 한다. 이러한 허위의식이 대부분의 사람들의 사고방식에 팽배한 현실이다. 이러한 현상은 해방 이후 긴 세월 동안 여과장치를 거치지 않고 무조건적으로 받아들인 서구 물질문화의 영향력과 그에 따른 배금사상이 우리의 의식 구조의 밑바탕으로 작용한 결과이다.

이러한 사실을 우리의 몸에 비유한다면 알맹이로서의 내면보다는 껍데기로서의 외모만을 우선적인 평가 기준으로 삼는 외모지상주의와 같은 맥락에 있다고 할 수 있다. 내면보다는 외모, 정신보다 육체에 무게중심을 둔다는 사실이다. 정신과 육체 중 그 무게의 중심이 어느 한 쪽으로만 기울어져서는 균형을 잃어버리고, 균형을 잃은 몸은 상처받거나 훼손될 수밖에 없다. 양자가 조화를 이루어 균형이 맞추어졌을 때 비로소 심신이 조화된 온전한 몸을 유지할 수 있을 것이다.

바람직한 가치관 부재의 시대에 심신이 조화된 온전한 몸으로 살아가기 위해서 지금 우리에게 필요한 것은 시대의 흐름에 무비판적으로 끌려가지 않고 올바른 신념을 가질 수 있는 주체의 확립이다.

3) 가부장적 관습 속에서 훼손되는 몸

한국의 유교적 가부장제도는 서구와는 다른 특수한 양상을 띤다. 장유유서와 효의 유교적 질서에 의해 나이가 많은 여성은 지배적인 위치에 올라 젊은 여성을 억압할 수 있다는 것, 즉 여성의 분열이 서구의 가부장 제도와 상이한 점이다. 서구의 가부장 제도에서 보이는 여성의 분열은 계급과 인종이라는 공적 영역에서 나타나지만, 한국의 유교적 가부장 제도는 가정이라는 사적 영역에서 나타나게 된다.3)

「진흙 파이를 굽는 시간」에는 지나치리만큼 자기 일신의 편안함만을 추구하고 가부장적 담론으로 딸과 며느리를 학대하는 두 사람의 노년층의 여성이 있다. 그들은 스펀지의 새어머니와 동생 연수의 시어머니이다. 노년기의 여성은 자신이 낳은 핏줄을 통해서 가족 내에서 막강한 권력을 행

---

3) 김훈순·김명혜, 「텔레비전 드라마의 가부장적 서사전략」, 『대중매체와 성의 상징질서』, 나남출판, 1997, pp.241-242.

사한다. 스펀지의 새어머니는 직접 낳은 자기의 핏줄이 아니지만 효의 담론을 내세워 노년으로서의 권력을 주장한다. "내가 친어머니라도 너희들이 이렇게 하겠느냐"라는 말에서 자식들은 크게 잘못한 것이 없는데도 그 말의 위력 앞에 어떤 종류의 가책을 느끼게 된다.

유교적 가부장제도는 성별과 세대가 교묘하게 얽혀 여성이 여성을 억압하는 특이한 양상으로 나타난다. 즉 여성은 가부장 제도의 옹호자이자 수혜자이면서 동시에 가부장제도의 희생자라는 모순된 양상을 보인다. 따라서 여성들은 남성의 지배에 대해 단합된 저항을 하지 못하고 분열된 모습을 보이게 되는 것이다. 여성들은 노년에 들어서 가부장제도의 수혜자이면서 파워블록의 일원으로 존재하면서, 가정 안에서 자신의 아래 세대 특히 며느리에게 자신의 권력을 행사한다. 이러한 노년층 여성의 복합적 위치는 여성이 여성을 억압하는 가부장제도의 적극적 옹호자가 되면서 한국적 가부장 제도를 형성하며 서구사회와 비교할 때 가부장제도의 비판을 쉽지 않게 하는 이중적 안전장치의 구실을 하고 있다.[4)]

> 칠순이 넘었는데도 그녀의 얼굴은 정말 수레국화처럼 아름답지. 처녀 때 다녔던 학교에서도 6월의 미녀로 뽑혔다는 당신. 저 남쪽 지방에서 생산되는 유명했던 소주 공장의 사장 딸로 태어난 당신. 화려한 당신. 없는 것 없이 자라나 결핍이라고는 절대로 못참는 당신. 모든 풍속적 담론까지 독점하고 있는 당신.
> 동생 연수의 시어머니도 그랬어. 그 아이는 왕산 이씨 16대 독자의 집으로 시집간 지 4년 만에 결혼생활에 종지부를 찍었잖아. 결혼 초 연수의 남편은 박사 과정 공부를 하느라고 경제력이 없었고 신당동에는 27평짜리 개인 주택이 그와 어머니가 가진 전 재산이었어. 연수는 두 팔을 걷어붙이

---

4) 이는 식민정책과도 일맥상통하는 데가 있다. 일본이나 영국의 식민 정책을 보면 소수 현지인들을 종주국의 일원으로 끌어들여 현지인들 사이를 분열시킴으로써 식민지 지배를 용이하게 하였다. 종주국의 일원으로 각종 혜택을 받는 소수 현지인들은 스스로 식민체제를 유지하는 데 적극적으로 참여하게 된다.

고 남편이 공부할 동안 살림을 살겠다고 나섰고 중고생들에게 수학이며 영어, 국어 개인 교습을 하여 간신히 생활을 꾸려 가고 있었지. 그런 와중에서도 법도에 바른 그 시어머니는 삼시 세끼 식사를 며느리의 손으로 받아야 했고 시시철철이 한약을 드셔야 했어 ……(중략)…… 남자의 책상은 여자의 밥상보다 더 절대적 가치를 가지고 군림해도 좋다……?(158쪽)

형제가 많은 집의 맏딸인 스펀지는 형제 중 누구도 맡지 않으려는 짐보퉁이 같은 새어머니와 함께 남편의 눈치를 보아가며 살고 있다. 스펀지의 형제들이 어렸던 시절에 처음 집에 들어왔을 때부터 새어머니는 수레국화처럼 씻은 듯한 얼굴에 패물을 몸에 잔뜩 지니고 있었다. 그 때나 지금이나 일신의 편안함과 외모가꾸기에만 전심전력을 다한다. 새어머니는 자신의 설 자리가 점점 좁아져 간다고 느낄 때면 효의 담론을 내세워 어른답지 못한 행동에도 자식들이 더 이상 비난하지 못하게 만든다.

옛날이야기 속에 나오는 계모는 모두 가부장 사회에서 악역을 여성에게 맡기려고 했던 남성중심주의적 여성 왜곡이라고 생각하려 했던 스펀지에게 새어머니란 존재는 이성으로서의 내면은 황폐화되고 외면으로서의 육체 만들기에만 치중하는 조화되지 않은 인간성의 문제에 대한 숙제를 남긴다.

스펀지의 남편은 자식을 위해 잔치국수 하나도 만들어주지 않는 장모와 제 때에 빨리빨리 잔치국수를 만들지 못하는 아내를 비난한다. 결혼 전의 남편이 밤늦게 공부를 하거나 배가 고플 때면, 어두운 재래식 부엌에서 언제든지 잔치국수를 만들어주던 자신의 어머니와 비교한다. 남편은 밖으로 나돌기만 하고 가정을 돌보지 않으면서도 언제나 당당하다. 잔치국수도 말아주지 않는 장모와 함께 산다는 알리바이를 아내한테 쳐들 수 있기 때문이다.

동생 연수의 시어머니도 새어머니 못지않은 노인이다. 아들 대신 과외

교습을 하여 간신히 생활하는 며느리에게 삼시 세끼를 며느리의 손으로 받아야 했고, 시시 철철이 한약을 챙겨 받으면서 자기 일신만 돌보는 노인이다. 며느리의 고통은 생각하지 않고, 왕산 이씨 16대 독자의 손이 귀한 집에 들어와 유산한 것에 대해서만 몰아세운다. 두 번째 피를 쏟고 난후 쏟아질 시어머니의 원망과 비난, 그 몸으로 부엌에 들어가 찌개를 끓여야 할 자신이 무섭고 싫어서 동생은 친정으로 온다. 그 길로 이혼하고 미국으로 유학을 가지만 새어머니는 동생이 그 집 귀신이 되지 못한 것이 연수의 결함이라고, 그 집 귀신 담론을 진리로 내세운다. 눈물 마를 날이 없는 스펀지의 몸은 가부장적 관습과 효의 담론으로 뭉쳐진 두 노인 때문에 다시 물먹은 스펀지가 되어 흐물흐물하게 된다.

"언니, 내가 밥하기가 무서워서 집을 나왔다면 누가 믿겠어? 하혈을 한 몸으로 부엌에 들어가 김치며 된장찌개를 끓일 나 자신이 무섭고 싫어서 다신 들어갈 수가 없는 거야. 시어머니는 이 집은 보통 집이 아니다. 왕산 이씨 16대 독자의 집이다. 손이 귀한 집인데 허구한 날 피를 쏟는 대체 너는 어떻게 된 애냐고 …… 또 그렇게 말하실 뿐이란 말이야."
연수는 독하게 마음먹고 미국 유학을 갔고 고생 끝에 박사 학위를 받아 이젠 캘리포니아의 작은 커뮤니티 칼리지에서 여성 복지학을 가르치는 교수가 되었어. 그래도 우리 새어머니는 연수를 비난해. 그 집 귀신이 되지 못한 것 자체가 연수의 결함이라는 거야.(159쪽)

가부장적 전통은 가정의 행복과 안락을 위해 자신의 모든 것을 희생[5] 하는 여성을 이상화하고 그것을 강요한다. 여성의 가치와 행복은 화목한 가정을 위해 자신을 희생하고 봉사함으로써 얻어질 수 있다는 논리로 전

---

[5] 순종형으로 남편을 중심으로 가정생활을 꾸려가며 남편의 의사를 따르는 전형적인 부창부수형의 여성이다. 이런 유형의 여성은 가족을 위해 자신을 희생하며 가족의 행복이 곧 자신의 행복이라는 등식을 성립시키고 있다. 여성의 자아실현은 자신과는 무관한 것으로 느끼며 전통적인 여성의 미덕인 순종을 내면화하고 가부장제를 이상적인 것으로 보이게 하는 데 지대한 공헌을 하고 있다.

통적인 순종형의 여성을 이상화하며 그렇지 못한 여성은 가족들로부터 소외당하고 불행해진다는 논리를 은연중에 주입시킨다. 이러한 논리는 여성을 가정으로 제한시키고 가부장적인 가정 안에서만 여성의 삶이 충족될 수 있으며 아무리 고통스런 상황에서도 그 집에서 나와서는 안 되며 인내하고 희생하고 봉사하며 그 집에서 살다가 생을 마쳐야 한다는 논리이다. 어떤 상황에서도 그 집 귀신이 되어야한다는 전제 하에 여성의 자아실현의 가능성을 억압하게 된다. 새어머니는 동생 연수가 희생 · 봉사 · 인내하면서 그 집에서 살아야 했으며, 그 집 귀신이 안 된 것은 연수의 결함이라고 했다. 가부장제의 담론은 여성의 자아실현의 가능성을 억압하지만, 연수는 그 집을 빠져 나와 자아실현의 여건을 만들게 된다.

> 어제도 안드로메다 아들은 왜 자기 눈썹을 없앴느냐고 씨도 안먹힐 말을 몇 시간씩 늘어놓더니 급기야 엄마 얼굴을 쥐어뜯으며 마구 여기저기를 구타하기 시작하더라. 주먹으로 얼굴을 치고 발로 차고 마구 목을 졸라, 안드로메다의 눈썹을 마구 뽑다가 눈썹 주위를 짓이기면서 허우적대는 엄마를 죽어라 때리더니 급기야 땅바닥에 쓰러뜨려서 모가지를 발로 척, 누르는 거야. 숨이 막혀 죽게 된 안드로메다가 젖었던 힘을 다해 아들을 밀쳤어. 내가 막으려고 해보았지만 그 애의 힘을 당해 내진 못해. 나도 가게 유리창에 부딪쳐 허리를 다쳤는걸? 그래도 내가 막 밀치고 안드로메다의 모가지를 두른 발길을 빼내려고 하니까 금세 호주머니에서 손전화기를 꺼내더니 엄마가 자기 목을 졸라 죽이려고 한다고 경찰에 신고를 하는 거야. 경찰은 처음엔 엄마가 아들을 죽이려고 목을 졸랐다고 하니까 존속상해? ……중략……
> 씩 웃으며 안드로메다의 아들을 정신병원으로 끌고 가지. 사이렌 소리가 울리고 구급대가 와서 안드로메다의 아들을 실어 가고 나는 또 그녀의 눈물에 흡수되어 무거운 스펀지가 되고 말아.(156쪽)

가정 폭력, 매 맞는 여성, 매 맞는 아내의 문제는 어제 오늘의 일이 아니다. 폭력과 불신, 공포, 힘든 감정 상태, 속임수, 상처받은 몸과 자아가 자리 잡고 있는 관계의 세계에 묶여서 행복한 가정생활만이 인생의 완성이라고 생각하는 믿음의 구조 속에서 여성의 몸은 파괴되고 있다. 가정폭력은 대개 남편이 아내에게 행하는 것이 일반적인 현상이지만, 남편이 없는 안드로메다는 남편 대신 아들에게 폭력을 당하고 있다. 아무리 정신이 건강하지 못한 아들이지만 아들이 아니고 딸이었어도 엄마에게 생명을 위협할 정도의 폭력을 저질렀을까? 그리고 폭력의 대상이 엄마가 아니고 아버지였다면, 아버지에게 죽으라고 때리고 모가지를 발로 누르는 식의 폭력을 저지르지는 못할 것이다. 남자는 여자보다 힘이 셀 뿐 아니라, 아버지라는 이유로, 남자라는 이유로, 혼자서 기른 자식에게 이렇게 폭력을 당하지는 않을 것이다.

여성으로서의 안드로메다에게는 가부장제의 그림자가 남아 있기 때문에 수동적으로 당하고만 있으며 근본적으로 문제를 해결하고자하는 의지를 보이지 않게 된다. 정신적으로 결핍 증세를 보이는 그 아들에게도 여자는 무시하고 함부로 해도 된다는 가부장적인 인식이 무의식적으로 남아 있으며, 그 무의식이 여자인 엄마에게 폭력으로 나타나는 것이다. 폭력의 세계에 묶여 있으면서 매 맞는 여성은 조금씩조금씩 정신적으로 육체적으로 시들어가게 된다. 약국에 있는 약을 다 먹어도 고칠 수 없는 병을 가진 안드로메다의 우울증. 그녀의 몸은 가부장적 인식의 그늘에 가려져 점차 파괴되고 있다.

4) 살아있는 인형으로 왜곡되는 몸

오늘날 한국에서 사업성이 유망한 직종, 말하자면 돈이 되는 장사 내지 사업은 궁극적으로 한 가지 길로 연결된다. 그것은 육체 자본을 만들기 위한 육체로서의 몸과 관련된 사업이라 할 수 있다. 아름다운 얼굴, 노화 방지, 탄력 있고 날씬한 육체를 위한 화장품 산업과 다이어트, 성형 산업 등을 들 수 있다. 그리고 노화의 지연과 미용, 정력 강화를 위한 건강식품 사업과 강화한 정력으로 육체적 쾌락만을 즐기고자 하는 성과 관련된 산업들이다. 성과 관련된 산업 중의 하나로 소위 향락산업이라는 명목으로 성의 상품화 현상이 가속되어왔다. 향락 상업이란 말 그대로 향락적 서비스를 판매하는 대인 서비스 산업을 일컫는 것으로 '성적 서비스 또는 그와 유사한 음란행위' 등을 상품으로 판매하는 산업이라고 할 수 있다. 남성들에게 자위행위를 하고 싶은 환상을 불러일으킬 것 같은 현란한 육체와 섹시한 포즈의 여성을 모델로 한 광고와 광고 사진들, 그리고 전자메일 함을 열어보면 낯 뜨거워 볼 수 없는 살덩어리의 직설적인 영상들이, 그것도 동영상으로 쏟아져 나오고 있다. 이러한 현실은 우리 시대의 로마는 돈이며, 모든 길이 향락 산업으로 통한다는 것을 눈으로 직접 느끼게 해 준다.

자본주의의 발달과 함께 성의 상품화 현상은 광고, 매체, 상품 등을 통해 우리 사회의 전반에 넓게 퍼져 있지만 가장 직접적이고 대표적인 형태는 바로 매매춘 혹은 준 매매춘의 형태이다. 형식적으로 매매춘은 불법화되어 있지만, 룸살롱이나 스탠드 바, 카페, 안마 시술소, 이용업소 등 향락업소들의 성적 서비스 제공이 공공연하게 인정되고 있는 현실이다.

이러한 성의 상품화 경향을 유심히 살펴보면, 여성은 육체만으로 존재하는 살아있는 인형처럼 상품으로 보여지고, 남성은 인형을 고르듯 파트너를 사게 된다. 남성은 향락산업의 능동적 주체이며 여성은 수동적으로 향락되어지고 있는 것이다. 그런데 문제는 성을 구매하여 쾌락을 누리는 남성보다 그렇게 팔 수밖에 없는 행위로 인해 육체적·정신적 파괴를 경험해야 하는 여성만을 비난하고, 수요자인 남성에게는 왜 면죄부가 주어지는가 하는 것이다. 이것은 분명 문제의 본질을 왜곡시키는 남성 지배문화의 산물이며, 여성의 몸은 살아있는 인형으로 왜곡되면서 남성지배적인 성문화에 수동적으로 끌려가고 있는 현실을 극명하게 드러낸다.

조지아와 카시오페이아는 향락 산업의 일종인 에로 전화방에서 남자들의 외설적인 폰팅 상대가 되어준다. 그들은 이성으로서의 정신이 부재한 육체적·감각적 쾌락만을 즐긴다. 카시오페이아의 목소리는 들으면 옷을 벗고 싶은 목소리라는 남성 관음자의 말을 듣게 된다. 그것은 남성 관음자의 시각적인 시선이 아니라 청각적인 시선이라고 말 할 수 있다. 남성은 육체의 접촉에서 오는 직접적인 쾌락 대신 간접적인 청각적 쾌락을 즐기고 있다. 남자는 보고 여자는 보여지는 것이 아니라, 남자는 듣고 여자는 들려준다

> 하긴 너도 흘러가고 있어. 흘러가는 육체야. 아니 육체는 없고 흘러가는 목소리야. 네 목소리 들으면 정말 근사해. 네 목소리는 옷을 벗기는 목소리라고 그때 왜 전화방 주인 남자가 말했잖아. 정말 그래. 네 목소리는 옷을 벗기는 목소리고 네 목소리를 듣고 있노라면 정말 옷을 벗고 싶어져. 하나하나 옷을 벗고 꽃술에 손을 가져갈까? 네 목소리를 들으면 남자들은 또 하나하나 옷을 벗고 자기 꽃술을 닦으며 황홀에 잠기나?(146쪽)

> 남자를 다 벗기면 버터 스틱이 되고 여자를 다 벗기면 복숭아가 된다. 무르익은 복숭아 속으로 버터 스틱을 찔러 본다. 버터가 묻은 손가락을 빨아보면 아무 맛이 없다. 말이 훨씬 더 맛있고 에로틱하다. 이 꽃술과 저 꽃술은 만날 길이 없다 평화롭다.(147쪽)

안드로메다와 스펀지는 이성으로서의 정신은 부재하고 육체만 있는 인간의 형상인 관절 인형을 만든다. 팔·다리·어깨·허리뼈를 다 맞추고, 그 위에 얼굴을 세우고 손가락·발가락 관절들을 다 맞추고 머리카락들을 붙이고 예쁜 코스튬까지 입히고 나면 하나하나가 얼마나 예쁘고 신기한지…… 이들은 육체만으로 남성중심의 성문화에 훼손당하는 살아 있는 인형, 자동인형으로 재현되는 여성들의 입장과 흡사하다. 어느 날 안드로

메다와 스펀지는 에로 전화방 사장으로부터 사업성이 유망한 새로운 형태의 인형 만들기를 제안 받는다.

안드로메다, 그 항아리 만드는 예술가의 친구 있잖아. 에로 전화방하는 사장 말이야. 그 남자가 며칠 전 '십자매 팬티'로 찾아왔었어. 나에게 새로운 제안을 하더라. 사업상 필요해서 생각해 본 거래. 우리 둘이 관절 인형 만들면서 동시에 새로운 인형을 하나 은밀하게 만들어 보는게 어떠냐는 거야, 리얼 돌real doll이라고…… 여성 대용 인형이래. 유통망만 잘 뚫으면 수요가 엄청 폭발적일 거라고 하던데? 나도 그 제안에 솔깃했어. 요즈음 우리가 너무 수입이 없지 않니. 일하는 속도가 느리기도 하지만 말이야. 그 리얼 돌이란 미래형 더치와이프Dutch wife라고 한 대. 미국에서 개발된 것으로 할리우드 영화의 특수 메이크업에 사용되는 고급 실리콘으로 만들어지기 때문에 볼륨과 촉감 면에서 나무랄 것이 없대. 감촉과 유연성이 사람하고 똑같대.
그런데 뭐 지금은 전문적 기술이 없으니 실리콘으로까지는 아직 못하더라도 지금 우리가 만드는, 마음대로 구부러지는 관절 인형에 특수한 용도의 입과 성기를 만들어달라는 거지.(164쪽)

향락 산업의 번창과 성의 상품화 현상은 남성들이 형성한 성문화에 영향을 주는 동시에 남성 스스로 그 문화를 형성해 가는 상호 작용의 역할을 한다고 볼 수 있다. 남성에게 성은 곧 성관계를 의미하는 것으로서 남성들은 지극히 성관계 중심의 성 개념을 갖고 있다. 여기서 성관계란 성기를 중심으로 하는 신체적 접촉으로서의 말초적 쾌락만을 탐닉하는 협소하고 독립적이며 단절적인 개념이다. 거기에는 정신적 교감이나 애정이 존재하지 않는 단지 육체와 육체와의 접촉일 뿐이다. 에로 전화방 사장이 제안한 리얼 돌(real doll)이라는 인형의 구조 자체가 남성들의 성관계 중심의 성 개념을 상징적으로 드러내고 있다. 감촉과 유연성이 사람과 똑같은 인형은 여성의 육체와 같은 역할을 하기 때문에 유통망만 잘 뚫으면 수요가 폭발적일 것이라고 예상한다. 극단적으로 말하자면 남성의 성은 육체만 존재하는 살아 있는 인형과의 접촉의 차원을 넘어서지 못한다. 피임이나 임신 등의 문제는 생각할 필요도 없으며 생각한다 하더라도 그것은 여성의 일 혹은 여자가 알아서 해야 할 일이다. 또한 남성이 성 담론의 주체일 뿐 아니라 적극적 행위자가 되고 여성은 그 담론의 객체와 수동적 대상이 되는 사회에서 피해자는 항상 여성 쪽이다.

남성과 여성에게 부과된 남성다움과 여성다움의 특성은 성관계에도 그대로 적용되어 남성의 성은 적극적이고 능동적이지만, 여성의 성은 소극적이고 방어적이므로 남성이 성행위의 주도권을 가져야한다고 여긴다. 남성이 갖는 성에 대한 신화는 성욕은 반드시 풀어야 하며, 성관계의 주도자는 남성이며, 성욕과 정력이 강해서 여성에게 남성의 권위를 과시할 수 있어야 한다는 것이다. 이렇게 남성이 독점하는 성문화의 규범 안에서 남성은 여성에 대한 가해자로 존재하게 되며, 여성의 몸은 남성에 의해 주도되는 인형의 역할로 존재하게 된다.

'성은 일종의 권력이며 성은 성차별의 지렛대이다' 라는 지적은 여성 피해자들의 목소리이다. 남성의 폭력적 성문화가 지배적인 성문화가 되고 그것이 여성의 몸을 황폐화시키고 왜곡한다는 것이다. 이렇게 남성중심의 성문화에서 여성들은 수동적으로 이용당하고 있으며 훼손되는 것은 여성들의 몸이다. 경치 좋은 곳마다 들어서는 러브호텔, 파트너 바꾸기 게임 등 성의 상품화에서 기인하는 성 산업의 만연은 외설과 에로티시즘의 경계를 불분명하게 만든다. 육체적 쾌락을 극대화 하고자 하는 남성적 에로티시즘은 결국 외설과 닿게 마련이기 때문이다. 여성의 육체를 여가와 오락을 위한 소비상품으로 만들면서 여성이 삶을 영위해 나가는 방법이 전적으로 육체로서의 성에만 의존하는 상태에서는 여성의 몸은 살아 있는 인형의 역할로 왜곡될 뿐이다.

3. 심신이 조화된 온전한 몸

오늘날 우리 사회에 만연한 외모지상주의는 여성의 몸을 정신과 육체가 조화된 인격체로 보기보다는 육체로서의 껍데기, 즉 어느 한 쪽으로만 무게의 중심을 두는 바람직하지 못한 현상이 낳은 결과이다.

동양적 사유구조에서 보면 육체로서의 몸은 마음과 별개의 것이 아니라는 심신 일원론이 적용된다.[6] 동양에서 이처럼 심신일원론이 말해지기는 하지만 유가에서의 심과 신에 대한 이해는 시대나 사상가에 따라 달리 나타난다. 몸과 마음에 대한 이해는 크게 두 입장으로 나누어 볼 수 있다. 하나는 이성주의적 사고에 바탕한 수신의 미학이며, 다른 하나는 감성주의적 사고에 바탕한 안신의 미학이다. 안신의 미학은 욕망 긍정의 철학으로, 육체의 욕망을 중시하는 현대사회에서 긍정적으로 받아들일 수 있는 철학이다. 그러나 욕망의 긍정이 너무 지나쳐 껍데기로서의 육체적인 욕망에만 치중한 나머지 심신이 부조화되면서 우리의 몸은 점차 훼손되고 있다. 우리는 훼손되기 이전의 조화된 몸으로 돌아가기를 소망한다.

> 아마도 아담과 이브가 사과를 따먹기 이전 그렇게 대화를 했을거야. 사과를 먹기 이전, 죄를 모르던 시절, 아무 일도 안 해도 먹을 것이 동산에 그득하고 향기가 공기 속에 가득하고⋯⋯ "사람아, 너는 진흙에서 태어났으니 언젠가 진흙으로 돌아가리라"⋯⋯라는 신의 음성을 듣기 이전. 사과를 그 사과를 따먹기 이전에. 물먹은 스펀지가 물먹은 스펀지가 아니고 온 몸뚱이에서 흘러내리는 진흙이 진흙인 것을 인식하지 못했던 때, 우리 몸이 진흙이라는 것을 느끼지 못하고 골격의 스탠드에 우리 몸이 견고하게 붙어있었던 그 시절.
> 그 시절의 언어를 나는 아이들의 수화에서 보았어. 손가락 사이사이에

---

[6] 몸과 마음, 정신과 육체, 영혼과 육신 등에 관한 차이점은 유초하, 「동서의 철학적 전통에서 본 육체-주희와 데카르트를 중심으로」, 「문화과학」, 제4호, 1993, 가을호. 이거룡 외, 「몸 또는 욕망의 사다리」, pp.68-70에서 재인용.

서 샛노란 개나리 꽃잎 같은 금빛 무늬들이 튀어나오고 연두빛 어린 속잎들이 눈뜨고 겹벚꽃나무 흰 분홍 꽃잎들이 펄펄 휘날리는거야. ……중략……

　물먹어 땅 아래로 처져 있던 스펀지 같은 몸이 아스피린처럼 사각사각 울리며 따끈하게 쏟아지는 햇빛을 받아 점점 포릉포릉해지는 거야. 물먹은 몸이 바싹바싹 건조되는 그 시간, 울던 사람들 모두 울음을 멈추고 햇빛이 몸 안에 꽉 찬 견고한 몸으로 햇빛이 하얗게 타오르는 길 위로 쏟아져 나와 서로서로 자매인 듯 그렇게 마주보며 환하게 웃을 때. 진흙 파이가 따끈따끈하게 굳는 그런 시간. 쭉 벋은 견고한 육체로 정오의 태양을 향해 그림자 하나 없이 웃고 있는 시간. 그 시간, 어듸메냐……(165-166쪽)

　스펀지가 물먹은 스펀지가 아니고 온 몸뚱이에서 흘러내리는 진흙이 진흙인 것을 인식하지 못했던 때, 골격의 스탠드에 우리 몸이 견고하게 붙어 있었던 그 시절은 아담과 이브가 사과를 따먹기 이전이었고, 심신이 조화된 온전한 몸을 가질 수 있었던 시간이었다. 그 시절의 언어는 손으로 하는 언어였고, 정신과 육체의 조화가 이루어진 몸으로 하는 언어였다. 선사 시대에는 손이 정신과 일치해서 손이 정신의 일부가 되었다. 정신이 손에 미치는 영향, 그 반대의 영향에 의해 문명은 진보하였다. 쿠싱은 원시인들의 정신상태를 재구성해보기 위해서 원시인들의 손의 움직임을 재발견해야만 했는데, 이 움직임 안에서 원시인들의 언어와 사고는 불가분의 관계로 결합한다. 여기에서 '손으로 만들어지는 개념' 이라는 대담하고도 의미 깊은 표현이 탄생했다. 손이 없으면 말할 수 없었던 원시인들은 손이 없으면 생각할 수도 없었다.[7] 그것은 심신일원론에 바탕한 정신과 육체가 조화된 온전한 몸의 언어라고 할 수 있을 것이다.

---

[7] 이거룡 외, 앞의 책, p.109. 쿠싱의 글을 직접 참조하고 싶으면 "Manual Concepts : A study of the Influence of Hand-Usage on Culture-Growth." The American Anthropologist,5, pp.289-317을 볼 것.

외할머니와 엄마와의 불화, 아빠와 엄마와의 불화를 몸으로 느끼며 인식하고 있는 스펀지의 아이들은 조그마한 싸움이라도 일어날까 봐 항상 불안하다. 그래서 둘이서 이야기를 할 때면 수화를 한다. 열 개의 손가락을 서로 맞물리게 해서 가슴 위에 살풋 걸쳐놓을 때나 한 개의 손가락을 곧게 세워서 왼쪽 뺨 위에 살짝 얹을 때의 그 순결하고 고혹스러운 모습을 볼 때면 아이들이 너무 예뻐서 사과처럼 한 입 물어보고 싶어진다.

아담과 이브가 죄를 짓기 이전, 선악과를 따먹기 이전에는 수화를 하는 자신의 아이들처럼 심신이 일원화된 몸으로 의사소통을 했을 것이다. 훼손되지 않은 육체와 훼손되지 않은 정신으로 소통할 수 있었던 그 때를 스펀지는 동경하고 소망한다. 그것은 물먹어 땅 아래로 처져 있던 스펀지 같은 몸이 따끈하게 쏟아지는 햇빛을 받아 포롱포롱해지는 시간, 쭉 뻗은 견고한 육체로 정오의 태양을 향해 그림자 하나 없이 웃을 수 있는, 진흙 파이가 따끈따끈하게 굳어지는 시간에 가질 수 있는 몸이다. 그것은 심(心)이라는 정신과 신(身)이라는 육체가 조화를 이루어 어느 한 쪽으로 치우치지 않은, 균형을 이룬 몸에 대한 동경일 것이다. 그것은 심신이 조화된 온전한 몸을 소유하고 싶은 우리 모두의 소망과 일치하고 있다.

4. 맺음말

김승희의 단편소설 「진흙 파이를 굽는 시간」을 중심으로 부조리한 현실에서 왜곡되고 상처받는 몸의 양상을 분석해 보았다. 이러한 현상은 남성의 몸보다는 상대적으로 여성의 몸에 편중되고 있다. 그것은 바람직한 가치관 부재의 현실에 나타나는 갖가지 허위의식과 함께 오랫동안의 가부장적 관습이 여성들의 심신을 조화와 균형에서 멀어지게 하였고 이는 파편화된 현실에서 다양하게 훼손되는 몸의 양상으로 나타나고 있다.

형식으로서의 껍데기를 우선하는 사회에서 그것을 비판하면서도 올바른 주체를 세우지 못한 채, 학위논문 대필업을 하는 조지아, 훌륭한 바이올리니스트이지만 대학을 못가고 일류대학 졸업자인 것처럼 속여서 강사 생활을 하는 명옥이, 이 두 사람은 형식과 포장을 중시하는 현실에 끌려다니면서 자신들의 몸을 학대하고 상처받게 된다.

스펀지와 안드로메다는 가부장제의 그늘에서 상처받으며, 그들의 몸을 조금씩 훼손하게 된다. 남자들의 외설적인 폰팅 상대를 해주는 카시오페이아와 조지아, 여성의 육체를 대신하는 인형인 리얼 돌 만들기를 제안 받는 스펀지와 안드로메다, 그들의 몸은 육체적 쾌락주의와 성의 상품화가 만연하는 남성 중심의 성문화에서 살아있는 인형으로 상징화된다. 이러한 양상들은 바람직한 가치관의 부재와 허위의식이 팽배한 현실에서 훼손된 몸으로 살아가는 현대인의 자화상이다. 그 중에서도 가부장제와 성차별의 잔재로 인하여 여성의 몸이 더 많이 왜곡되고, 상처받으며, 훼손되고 있다는 것은 부정할 수 없는 사실이다.

유가미학에서는 시대에 따라 정신과 육체에 대한 강조점은 달랐지만 기본적으로 마음은 몸을 통하여 드러난다고 보았다. 드러난 몸은 타인에게 감화를 줄 수 있어야 한다고 하였다. 이런 점 때문에 항상 몸을 닦는 수양공부, 즉 마음을 바로 하는 수양공부와 더불어 욕망을 절제하고 때로는 극복할 곳을 요구하였다. 하지만 명대 중기 이후 정주이학에서 천리와 인욕을 대립적으로 이해하면서 천리를 보존하고 인욕을 제거하라는 수신의 철학에 반발하여 심즉욕(心卽欲)을 말하고 안신의 철학, 감성의 철학을 전개하였다.

지금 우리에게는 마음을 수양하고 욕망을 절제하라는 수신의 철학과 욕망을 긍정하라는 안신의 철학, 이 두 철학의 조화를 필요로 한다. 이것은 심(心)과 신(身)이 일원적이라는 사유가 바탕이 되면서 균형과 조화가 이루어져야 한다. 심신이 조화된 몸은 "울던 사람들 모두 울음을 멈추고 물먹은 스펀지 같은 몸이 햇빛을 받아 포릉포릉해지듯 진흙 파이가 따끈따끈하게 굳는 그런 시간"에 "쭉 뻗은 견고한 육체로 정오의 태양을 향해 그림자 하나없이 웃고 있는"(166쪽) 온전한 몸일 것이다. 이처럼 몸과 마음이 훼손되지 않은 건강한 몸으로 살아가는 사람들이 더 많아지고, 그들이 현실을 이끌어가는 주체가 될 때 작가 김승희가 소망하는 바람직한 세상이 되리라 기대해본다.

■ 참고문헌

김승희, 「진흙 파이를 굽는 시간」, 『이상문학상 작품집』 제28회, 문학사상사, 2004.
박정순·김훈순 편, 『대중 매체와 성의 상징 질서』, 나남출판, 1997.
송명희, 『타자의 서사학』, 푸른사상, 2004.
송명희 외, 『페미니즘과 우리 시대의 성담론』, 새미, 1998.
심정순 편저/역, 『섹슈얼리티와 대중문화』, 도서출판 동인, 1999.
이거룡 외, 『몸 또는 욕망의 사다리』, 한길사, 1999.
장필화, 『여성·몸·성』, 또 하나의 문화, 1999.
수잔나 D. 월터스, 김현미 역, 『이미지와 현실 사이의 여성들』, 또하나의 문화, 1999.
아네트 쿤, 이형식 역, 『이미지의 힘』, 동문선, 2001.
크리스 쉴링, 임인숙 역, 『몸의 사회학』, 나남출판, 1999.

웃음과 출구
- 최윤의 『마네킹』

정미숙

웃음과 출구[1)]
― 최윤의 『마네킹』

정미숙

1. 소비사회와 여성, 그 조화를 위한 모색

　최윤의 『마네킹』은 병폐적인 현대 소비사회를 우화적으로 그려내고 있다. 이 경우 우화는 더 이상 순진한 리얼리즘으로 세상의 폭력성을 드러낼 수 없다는 자각에서 시작된 우회적인 공격의 서술 형식으로 주제의 심각성을 증명한다. 아름다움과 폭력의 극명한 대비, 웅변과 침묵의 교차적 수사를 통하여 소설 미학의 시적 경계를 넘보던 최윤은 이제 장편소설 『마네킹』의 강렬한 메시지로 우리에게 다가온다. 알 수 있듯이 '마네킹'은 주체의식과 생명성을 상실해 버린, 소모적이거나 도구적인 대상으로 전락한, 소비사회를 사는 우리들의 은유임을 짐작하게 한다. 그러나 주인공 '지니'는 마네킹을 닮은 자신의 삶을 거부하고 훨훨 자신을 찾아 나선다.

---

1) 이 제목은 엘렌 식수의 저서 "메두사의 웃음/출구"(Le rire de la meduse/ Sorties)에서 빌려온 것이다. 필자의 텍스트 분석 결과 불문학자이자 소설가인 최윤의 이 소설이 엘렌 식수의 이론적 배경을 깔고 있다고 보였기 때문이다.

이로서 이 소설은 현상에 대한 단순한 고발에 머물지 않고 성찰적이고 탐색적이다. 주인공의 정체성 탐구라는 고단한 여정을 우리도 함께 한다.

『마네킹』은 자본의 교환논리에 따라 움직이는 후기 산업사회의 소비적/소모적인 병폐적 관계를 막을 수 있는 대안을 여성의 진정한 아름다움과 사랑, 그리고 이 모든 것을 함축하는 모성의 논리에서 찾고 있다. 이 소설은 소비사회의 병폐를 담은 한 축과 그에서 벗어나 진정성을 찾아 성찰하는 또 다른 한 축이 맞서며 대비된다. 따라서 이 소설의 주제는 분명하다. 풍요가 우리의 것이 되지 못하는 소외의 원인을 반성하게 한다.

소비하면서 자신의 정체성을 획득해 가는 소비의 시대를 사는 우리는 무엇을 어떻게 소비하며 살 것인지를 생각해 보아야 한다. 타자의 거울에 비추며 자신을 끝없이 수정하는 동안 자신의 정체를 잊어가고 있는 것은 아닌가. 이제 진정성을 갖춘 주체의 내면으로 이 세상을 되비추고자 하는 적극적 발상의 전환이 필요할 때가 아닌지, 이 소설은 묻고 있다.

2. 사취(詐取)된 힘과 감각의 시대

소설에서 서술상황의 심각성은 가족관계가 신뢰와 사랑으로 결합되지 않아 집이 휴식과 안전을 보장하는 공간이 되지 못한다는 데에서 출발한다. 『마네킹』은 일찍이 카프카의 「변신」에서 '그레고르잠자'가 어느 날 생산의 도구인 몸을 잃자 얼마 지나지 않아 끝내 가족에게서 부정되던 소비사회의 '비정'을 훌쩍 넘은 '냉혹'의 살기로 시작한다. 『마네킹』의 '지니'는 이른 새벽 두 남자(오빠 상어와 아버지 혹은 어머니인 듯)에게 목을 졸려 '목소리'를 잃는다. 가족들에게 '지니'는 "누르면 즙을 흘려 내보내는 과일처럼" 우리들의 일용할 양식인 풍요의 여신으로 가난한 이 집에 부를 가져온 '코르누코피아'(Cornucopia 풍요의 뿔)이다. 그러나 이 풍요의 여신은 '상어'에 의해 왜곡되면서 독과 풍요로움이 함께 존재하는 경제시스템의 본질을 상징하는 존재로 그 정체가 변화된다.

이 충격적인 장면은 '우뭇가사리(주인공의 어머니)'가 어렵게 토해내는 기억으로 그 전모가 드러나나 여전히 애매하다. '상어'가 '지니'의 목을 눌렀고 나머지 다른 이가 말렸던 듯하다. 그러나 누군지는 알 수 없다. 어머니 '우뭇가사리'가 고백하듯 모든 것이 어두웠고 소문이 날까 두려워 명명백백 밝힐 수가 없었다는 변명이다. 불을 밝혀 투명하게, 적극적으로 사태를 말리지 않은 까닭에 어머니는 공범의 죄의식에서 소설 내내 자유롭지 못하다. 아니 또 한 사람은 성(gender)의 구별을 이미 상실해 버려 '아저씨'라 불리기도 하는 남자 같아 보이는 어머니 '우뭇가사리'인지도 모른다. 소설에서 이 사건은 반복적으로 재현되면서 '지니'에게 위해를 가한 것은 익명의 다수인 우리가 아닌가 하는, 울림으로 증폭된다.

이처럼 『마네킹』은 '미친 가족'에 희생된 '지니'와 이를 지켜보는 어머니의 정상적인 슬픔과 분노, 그 비밀의 뇌관을 깔고서 시작하며, 소설 내내 관계의 이러한 불투명성은 지속된다. 최윤은 이 소설을 통하여 실체는 없고 이미지만 분사되는 이 시대의 현주소를 광고 모델 '지니'와 그녀를 둘러싼 가족의 상호 역학 관계를 통하여 그려내고 있다. 그러나 앞서 말했듯이 소설의 해독은 쉽지 않다. 최윤이 견지한 시적 문체와 과도한 은유, 그리고 무엇보다 "쓰여지기 전에 이미 끝나있었던"[2] 이 소설의 가파른 행보를 따라잡는 균형이 녹록치 않은 까닭이다.

우선, 이 소설은 이중시점으로 진행된다. 주인공인 '지니'와 그녀의 어머니 '우뭇가사리'가 '그녀'라는 3인칭이라면, 다른 작중인물들은 '나'로 극화된 화자가 된다. 두 사람의 '그녀'는 서술사에 의해 중개됨으로 느리고 모호하며 특히 '지니'의 경우 신비함의 아우라에 담겨 서술되나, 다른 작중인물들(화자)은 '지니'와의 관계를 중심으로 변명과 방어로 자신을 드러내기에 바쁘다. 화자들은 '지니'가 집을 나가고 난 이후에 '지니'와

---

2) 최윤, 『마네킹』, 열림원, 2003, "작가후기", p.296.

의 이별과 만남을 체험한 각각의 '나'로, 각 장은 그들의 체험과 갈등, 분열을 교차하는 서술 방식을 취한다. 그러나 서술대상인 '그녀'와 화자 '나' 간의 위계는 사실상 없다.

또한 주목할 점은 소설 속 인물들이 '지니'(본명 이진아)를 제외하고 모두 바다에 있는 사물의 별명으로 불린다는 것이다. 그들이 가진 별명은 오빠(이상호) '상어'의 경우만 타당한 듯하다. 그는 "먹이에 한 번 이를 박으면 끝을 보지 않고는 빼지 않는" 상어의 속성을 닮았다. 그러나 정실장(김찬휘)인 '소라'의 경우는 귓바퀴가 소라를 닮은 것일 뿐이고, 엄마 '우뭇가사리'는 산발하게 뻗친 머리카락을, 그리고 '지니'를 찾는 '쏠배감펭(전직 해양연구원)'은 독가시를 열세 개나 품고 있는 생물이름에서 따왔으나 소설에서 가장 인간적이고 성찰적인 인물인 그와 별명은 어울리지 않는다. 그리고 '지니'의 언니 '불가사리'(이정아)의 경우는 '불가사의'하다는 어감과 의미의 유사로 어울린다. 이 소설의 우화적 색채는 본명은 생략되고 별명으로만 호명되는, 또 본명을 짐작조차 할 수 없는 공개된 익명성에서도 묻어난다. 정체성을 상실해 버린 그/그녀들은 소설 공간에 안착하지 못한다.

주인공 '지니'는 생후 3개월부터 광고 모델로 발탁되면서 가난한 집에 '윤기'와 '여유'를 불어넣는다. 그러나 가난에 익숙한 그들에게 윤기와 여유는 불길하고 불안한 것으로 갑작스런 풍요는 축복이자 공포이다. '지니'는 동네 시장에서 리어카를 끌던 빛바랜 흑백필름 같은 아버지의 죽음 전후로 실질적인 가장(家長)이 된다. 리어카의 노동과 일차적 함수의 세계는 '지니'가 끌어들인 빛과 영상의 화려한 매체의 파괴력과 대비되며 그녀의 생산 가치를 기하급수적인 사차원의 세계로 끌어간다. 그러나 아이러니하게도 '지니'의 도구적 운명은 그녀가 집안의 가장이 됨으로서 시작된다.

아버지의 갑작스런 죽음. 그리고 지니의 웃음.
아버지는 고생스런 일을 하지 않아도 될 정도로 가정 형편이 나아졌는데, 죽었어. 내 기억에 남는 이유는 아버지가 죽기 전에 집안에 감돌던 야릇한 흥분의 분위기 때문이야. (중략) 세상의 선물을 제대로 받을 줄 모르는 사람. 세상이 준 선물을 파괴해야 직성이 풀리는 삶. 상어와 나는 아버지의 그 피를 조금은 물려받았다고 생각해. 우리도 누리는 건 딱 질색이거든. 세상에 누릴 건 또 뭐가 그리 많다구. (32-33쪽)

'지니'로 인해 집안에 스며드는 풍요를 감수해야 하는 과정은 가족들을 분열시켰다. '불가사리'는 '지니'의 빛에 가려 초등학교 입학도 혼자 가야 하는 상처와 '지니'를 장식하기 위해 소비를 최소화해야 하는 고통을 감수해야 했다. 이는 '지니'에 대한 애증의 이중적 감정으로 내면화된다. '상어'의 경우 '지니'에 대한 지배-파괴 욕구로 이어진다. 이는 여러 해석이 가능할 수 있으나 '지니'가 지닌 매혹적인 아름다움과 물질적 가치는 그에게 먼저 벅찬 공포로 각인된 듯하다. 세상의 모든 풍요와 질서가 사취(詐取)된 것, 즉 부당하고 폭력적인 것으로 인식하는 '상어'의 뿌리 깊은 피해의식이 '지니'에게 그대로 투사되는 이율배반이다. 그들에게 속하나 전혀 '이질적인' '지니', 그는 그녀의 육체를 훼손/지배함으로써 '지니'의 자본인 몸과 수입을 관리하고 갈취한다. 그는 세상의 폭력성과 지배-착취구조의 반영자이다.

'상어'의 '지니'에 대한 행위는 마치 16세기 한스 발둥의 그림에서 악마가 소녀의 머리를 뜯고 죽음이 여인의 볼을 깨물고 있는 「죽음과 소녀」, 「여인과 죽음」에서 확인할 수 있는 '사디즘'과 '카니발리즘'의 폭력성을 드러낸다.3) 보드리야르가 소비사회를 역설한 '악마와의 계약'은 '지니'

---

3) 죽음과 삶을 대조시키는 데 소녀만큼 적절한 소재가 없었기 때문이리라. 젊고 아름답고 또 생명을 잉태할 능력을 가진 존재만큼 음울한 죽음의 이미지와 완벽하게 대조될 수 있는 게 또 뭐가 있겠는가. 진중권, 「춤추는 죽음」, 세종서적, 1997, p.215.

와 '상어'의 경우에 적절하다. 또한 '상어'는 두 자매를 일종의 '반-나르시시즘' 책략으로 분열을 통해 지배한다. 반-나르시시즘은 자기가 가지지 않은 것으로 인해 자기가 사랑받도록 함으로써 자기 자신을 사랑하는 나르시시즘이다.[4] '상어'가 완벽하게 이성을 잃었다면 그녀의 목소리 대신 얼굴과 몸을 훼손할 수도 있었을 것이다. 상상할 수 있듯이 목소리를 앗은 것은 상징적이다. 이는 '지니'가 '광고 모델'이라는 점을 생각할 때 사유의 명료한 발화보다 대중의 요구를 읽고 몸으로 표현하는 '몸짓' 언어에 집중할 수밖에 없도록 하는 '지니'의 역할 한계와도 연결된다. '상어'는 또한 지니-콤플렉스를 앓는 '불가사리'에게 '지니'를 증오하게 만듦으로써 자매간 갈등을 증폭시킨다. '상어' 자신은 차오르는 열등감의 극복을 끝없이 자기다움을 부정하는 '혁명'의 논리로 세운다. 아무런 능력 없이 사실상 '지니'에 기생하는 그의 열등감은 소비와 향유를 '사취된 힘(puissance captee)'으로 규정한다. 그러나 '상어'의 거부는 앞에서도 살펴보았듯이 분열적이다. 세상의 부와 풍요를 거부하고 경멸하는 듯하나 자신은 즉물주의자로 사실상의 물신 숭배자이다.

어릴 때부터 시장에서 떠돌다 보면 세상에 대해 촉감으로 배우게 되는 게 있다. 영혼이 있는 모든 것은 혼탁하다는 것. 순수한 영혼의 시대는 영원히 지나가버렸다. (48-49쪽)

나는 확장되는 모든 감각을 좋아한다. 나는 만져서 확인할 수 없는 것은 믿지 않으며 그것이 즐거움을 주지 않으면 존재로 치지 않는다. 나는 즉물주의자다. (50쪽)

화장법만 조금 익히면 사람들은 잘 속아넘어가. 사람들은 모두 가짜를 좋아해. (33쪽)

---

4) 엘렌 식수, 박혜영 역, 『메두사의 웃음/출구』, 동문선, 2004, p.61.

집에 오자마자 우리는 우리가 먹고 마시고 본 모든 것을 다 토해내지. 그러고 나면 기분이 퍽 나아져.(34쪽)

'상어'와 '지니', '불가사리' 이들 오누이들이 모두 후기산업사회의 소비를 획책하는 고도의 전략사업인 광고에 종사하고 있다는 것은 그 자체로 의미심장하다. 광고야말로 이 시대의 소비자가 요구하는 '감'(감각적 가치/감각적 소비)을 자극하며 이 시대를 '감각의 시대'로 이끄는 치명적인 유혹이 아닌가.[5] 그러면 소비에 대한 그들의 거부의 기저는 무엇인가. 이는 하층계급에 속한 그들의 욕망의 근원적 좌절과 연관된다.

'불가사리'와 '상어'가 내세울 수 있는 것은 '지니'로부터 확인된 격세유전된 탁월한 '육체자본' 뿐이다. 그들은 다른 사람들이 가진 문화자본을 쌓을 수 있는 혜택의 기회를 갖지 못했고 따라서 애초에 받지 못한 경제자본을 스스로 창출할 수도 없다. 두 사람에게 힘과 권위는 타자들, 그들만의 것이다. 그러나 이들은 이러한 사실을 인정하지 않는다. 둘은 이 세상의 모든 것을 가짜, 정상적이지 않은 부당한 것, 또한 그것의 향유로 보며 그래서 소비를 사취(詐取)된 힘으로 간주한다. 모든 것은 가짜이고 그들이 누리는 것 또한 진짜가 아니라는 생각은 그들이 관계하는 '광고'의 속성을 반영한 것이기도 하다. 이 시대 '광고'는 예술/쓰레기의 영역에서 갈등하는 장르이다. '조작', '야바위'의 기술과 '적당히 감추고 드러내기'의 기교와 포장의 미학을 담아 소비할 시간과 돈을 가진 사람들에게 상품을 팔아먹는 상업주의의 첨병인 것이다.[6] 그러나 오늘날 광고의 목적은 각 브랜드 이름을 인격화하는 것이다. 자크 세겔라가 말한 것처럼 '진짜' 광고가 스타시스템의 방법을 차용한 것이 사실이라면 광고란 패션처럼 구조화된 의사소통이며 사람들은 장관처럼 구경거리가 많고 인격화된 외

---

5) 하쿠호도 생활종합연구소, 윤영주 역, 『감각시대의 소비스타일』, 시유사, 1996, pp.254-257.
6) 제임스 트위첼, 김철호 역, 『욕망, 광고, 소비의 문화사』, 청년사, 2001, p.7.외 참고.

양, 순수한 유혹에 점점 더 휩쓸리고 있는 것이다.[7] '지니'의 강력한 가치는 '지니'의 내면에서도 일어나고 있었다. 그들(상어와 불가사리)이 진짜 같은 가짜라고 생각하고 있는 '지니'는 서술자와 '소라'의 해석에 의하면 '진짜'이다. '지니'는 사려와 배려가 깊은 아름다운 여인으로 자신에게서 스스로 나온 미적 능력으로 광고 속 신비를 연출하는 순수한 유혹의 인격이다. 그러나 물질에 사로잡힌 그들은 '지니'의 내면과 변화를 짐작조차 하지 못한다.

'지니'를 비롯한 '지니'의 가족들은 소비사회의 타자들이다. 앞에서 살폈듯이 아버지는 윤기를 거부하고 돌아가셨고, 어머니는 일체의 사치를 거부하고 추운 겨울 산정에서 비닐을 감으며 버틸 뿐이다. '상어'는 '지니'의 수입을 관리할 뿐이다. '상어'와 '살의 위로'를 나누는 '불가사리'는 '상어'가 남겨준 '지니'의 손과 목덜미, 머리카락으로 지분을 넓히며 '지니'의 수입을 챙기나 "돈 수집광 중의 하나"일 뿐이다.

그러나 '지니' 부모와 '상어/불가사리'의 그것이 같을 수는 없다. 지니 부모의 물질 거부에는 비판과 저항의 의미가 있다면 상어와 불가사리의 경우는 물신에 들려 종속된 황폐한 영혼을 반영하고 있을 따름이다. 포스트모던 시대에 돈(화폐)이 구체적인 현존을 상실하고서 순전히 가상적인 실체(은행카드와 실체 없는 컴퓨터 부호)로 바뀌었으나 이 비실체화가 오히려 그 장악력을 강화할 뿐인 것과 같은 맥락이다. 우리는 이를 통해 실체성의 과잉, 유령성의 과잉, 유령 같은 물(物)의 모습을 얻게 된다.[8] 수입이 늘수록 '상어'가 점점 죽음을 업고 다니는 유령같은 모습으로 변하는 것과 자신이 부정하며 애써 모았던 돈이 결국 자살하기 위한 오붓한 장소, 무인도를 구입하기 위해서만 투자된다는 것은 돈의 유령과 물신에 사로

---

7) 질 리포베츠키, 이득재 역, 『패션의 제국』, 문예출판사, 1999, p.261.
8) 슬라보예 지젝, 김종주 역, 『환상의 돌림병』, 인간사랑, 2002, pp.200-201.

잡힌, 오직 '결여'인 그의 운명을 의미한다.

3. 메두사의 웃음과 출구

『마네킹』의 진정성은 '지니'의 출분과 진실을 밝히려는 '우뭇가사리'의 의지에서 시작된다. '지니'의 출분이 갖는 의미는 간단하지 않다. 이는 그녀가 온전한 자신의 정체성을 찾는다는 개인적 의미를 넘어서 소비와 소모로 치닫는 후기 산업사회의 속도와 맹목성에 대한 비판과 회의를 유도하고 발견하게 된다는 것에 그 의미가 있다.

정체성을 찾는 도정엔 세상에 도전하는 환희와 죽음의 결단이 함께 한다. 이는 '지니'에게서 출발된 듯하나 그 이전에도 있었고 이후에도 이어질 각성된 자아를 향한 출분에의 모색을 드러내는 것이다. 그들의 출분엔 '죽음-(웃음)-(춤)-죽음'의 순환회로가 놓여있다. 이처럼 『마네킹』은 비장한 죽음의 영상이 함께 한다. '죽음의 의미'는 무엇인가.

먼저, '지니' 이전에 있었던 '출분'의 상징성 역시 죽음과 함께한다. 앞에서 보았듯이 '지니'는 아버지의 '죽음'을 전후로 가장이 되었다. 소설은 가장(家長)의 가장(假裝)적 죽음, 죽음/자살의 경계를 주목한다. 아버지의 죽음과 '지니'를 좇는 '쏠배감펭' 아버지의 죽음, 그리고 '지니'를 본 이후 죽은 '쏠배감펭'의 신부 '핑크 아네몬'의 죽음, 그리고 '상어'의 죽음에 대한 암시와 '우뭇가사리'의 사라짐, 그리고 마지막에 놓여지는 '지니'의 그것이 그렇다. 모두, 죽음(자연사)과 자살의 경계에 있다.

> 1) 집안에 감도는 윤기와 여유, 그리고 그것을 숨기려는 것처럼 쉬쉬하는 비밀스런 분위기 때문에 나는 아버지의 죽음을 기억하나봐. 왜냐하면 그런 흥분이 가시기도 전에 갑자기 병을 얻더니 죽었거든. 그걸 참을 수 없었던가 봐. (33쪽)

2) 잠 못 든 아버지의 깊은 한숨소리가 들리던 날, 서서히 잠으로 진입하는 엷은 안개의 층에서 일어서던 아버지, 문을 나서고 좁은 마당을 가르고 그리고 다음날, 그 다음날도 돌아오지 않았던 아버지, 그가 타고 나갔던 조각배는 어디론가 사라지고 해안의 다른 쪽에서 발견된 그의 얼굴의 기이한 평화로움. 내 기억 속에서, 안개속의 거친 바다를 떠나고 또 떠나기만 하던, 결국 돌아오지 않은 아버지의 영원히 젊은 영상. (91쪽)

3) 심장마비로 인한 익사사고가 아니라 자살이다, 라고 나는 생각했다. 의지로서의 자살이 아니라, 삶을 지탱해주는 어떤 것이 소진되는 그 장소에 당연히 찾아드는 절차로서의 자살. (…) 다만, 그것이 자살을 할 정도로 깊지 않은 곳이란 것이 사고와 자살의 경계를 짓는 유일한 지표다. (47쪽)

'지니'의 아버지는 무능했다. 그는 자신이 줄 수 없었던 윤기와 혜택을 '참을 수 없는 듯' 서둘러 떠난다. 그의 죽음은 자살/죽음의 경계에 서 있다. '쏠배감펭'의 아버지도 무능했다. 깊은 한 숨 소리를 뒤로하고 외출하듯 나서 죽음을 맞는다. 떠나기만 하고 돌아오지 않던 아버지는 '기이한 평화로움'이 깔린 죽음의 얼굴이 된다. 이처럼 죽음은 현실을 따르지 못하는 무능한 가장, 즉 생산주체의 과도한 스트레스와 피로를 벗어난 '휴식'의 의미로 다가온다.

죽음은 또 하나의 의미를 생산한다. 형식적이고 가식적인 인간관계와 규율 절단의 의식이다. 예문(3)에서 '핑크 아네몬'은 절대적인 미의 여신(지니)을 만난 것과 더불어 열정적이지도 차갑지도 않으나 지속되었던 예정된 "신혼부부의 규율을 지켜나가는" 것을 죽음으로 멈춘다. '핑크 아네몬'의 죽음은 '지니'가 애정과 신뢰가 없으나 가족이란 틀 안에 계속 묶여 있었다는 것과도 연결된다.

다소 패배적이고 슬픈 그/그녀의 죽음은 우리의 현실적 삶이 과도한 피로와 형식, 의무와 관계의 모순 속에 놓여있음을 역설한다. '지니'와 그들의 삶이 별반 다르지 않음을 알 수 있다. 이것은 '지니'의 출분이 우리 모두에게 공감과 생의 성찰적 의미를 제공할 수 있는 가능성이다.

이제 다시 '지니'로 돌아오자. 아주 우연히 찾아온 듯한 '지니'의 출분, 그 초월성/세속성의 징후는 그녀의 넘어갈 듯 터져나던 '웃음'에서 먼저 찾을 수 있다. 그러나 '지니'의 웃음은 목소리를 잃으며 사라진다. '지니'에게서 거둬진 '웃음'은 '우뭇가사리'에게서 찾아진다. 늘 부스스하게 뱀의 대가리처럼 위로 쳐드는 머리카락을 가진 '우뭇가사리'는 집을 벗어나 평화를 기원하러 산에 오르며 참았던 웃음을 터뜨린다. 산정에서 입맛까지 다시며 깔깔거리고 웃는 어머니의 통쾌한 모습이 '지니'의 자지러질 듯한 웃음과 오버랩 되면서 그간의 이미지를 배신한 듯 섬뜩하다. 두 여성의 유쾌한 비웃음은 엘렌 식수가 역설했던 세상의 부조리와 폭력을 비웃는 '메두사의 웃음'이다. 메두사의 웃음은 이성-남성중심주의 문화에 대한 '코웃음'을 말한다.[9]

> 멀리서 보면 그녀는 마치 산에서 춤을 추는 듯하다. 쉰을 바라보는 여자가 갖기 어려운 몸의 가벼움과 유연함 때문이다. 가쁜 숨을 몰아쉬며 멈추어선 작은 바위 위에 서서 여자는 저 밑의 희뿌연 도시의 세상을 바라보며 웃는다. 깔깔거리며 웃는다. 아 참 우스워 죽겠네. 아 아 참, 입맛까지 다시면서 한참을 웃는다. 우스꽝스러운 세상사의 무수한 영상이 여자의 머릿속에 떠올랐다 스러진다. (56쪽)

그녀의 춤은 아무의 눈에도 띄지 않고 장터의 한구석에서 시작되고, 한

---

9) 그리스 신화에서 메두사는 머리카락이 뱀이며 자기를 정면으로 바라보는 남자들을 화석으로 굳어버리게 만드는 여성괴물로서 두려움과 공포의 대상이다. 식수는 〈메두사의 웃음〉이라는 제목 속에는 메두사는 괴물처럼 으르렁거리는 것이 아니라 아름답게 웃고 있는 것이며 동시에 여성을 무시무시한 괴물로 만들어 그 아름다움과 차이를 두려워 하는 남성들의 감추어진 심리와 남성중심주의 문화의 정치적 억압과 허점을 꿰뚫어보는 여성이 이에 대해 던지는 '코웃음' 혹은 '비웃음'이라는 의미가 담겨있다고 그리스 신화의 메두사를 재해석한다. 엘렌 식수, 위의 책, pp.210-211.

명씩 사람들이 그 춤을 보러 모여든다. 그녀는 늘 맨발로 눈을 감고 춤을 춘다. 추운 겨울 포석이 깔린 분수주변의 돌바닥 위에서 맨발로 춤을 추는 모습은 뭐랄까, 보는 이들의 마음 구석에 하나 정도는 숨겨두고 있는 가장 불편하고 부끄러운 생각들을 불러내곤 했다. (210쪽)

소설의 제목이기도 한 "마네킹"이란 제재에 대한 언급은 '지니'가 출분하기 전과 어머니가 '상어'에 대한 징계를 결행하기 전에 방 안에 무심히 놓여져 있던 '머리 없는 마네킹'을 문득 발견하게 되는 것이 전부이다. '상어'의 억압과 통제 아래에서 움직이며 붙박이처럼 놓여있던 '지니'의 몸과 영혼은 소리 없이 문이 열리는 신호와 아무도 잡지 않은 행운에 서서히 풀리며 날아오른다. 그녀는 "소리를 삼켜 강해진 바람"이고 "바람도 바다도 그녀를 소유할 수 없는" 절대자아로 변신한다. 어머니 역시 자신의 생일 밥상을 발로 차 뒤엎는 패륜아 '상어'를 어머니란 이름의 '대타자'로서 일을 도모한다. 새로운 질서를 실행하기 전 '마네킹'을 본 것은 암시적이다.

도저히 자신을 죽이고 그대로 살 수 없었던 내재된 그녀들의 강렬한 생명성은 웃음에서 춤으로 이어진다. 기도를 하러 산에 오르는 '우뭇가사리'를 원거리 시점으로 잡아 '춤을 추는 듯' 하다고 한 것은 단순하지 않다. 그것이 이후 이어지는 '지니'의 '몸말'인 '춤'과 연결되기 때문이다. 어머니와 '지니'는 언제든 연결되어 있다. 나중에 살펴보겠으나 어머니와 딸의 연결성은 최윤이 지향하는 여성주의의 일단이다.

춤은 생명의 그릇인 몸으로 행하는 몸말로, 예부터 사람들은 생의 에너지와 삶의 기쁨을 표현하거나 혹은 죽음이 가까워올수록 삶의 환희에 대한 강렬한 욕구로 춤을 춘다.[10] 춤추는 '지니' 곁에는 사람들이 둘러싸 늘 우글거리고 '지니'는 신들린 것 같은 강렬한 에너지를 품어낸다. 신들리

---

10) 진중권, 「춤추는 죽음」, 세종서적, 1997, p.124.

는 것, 그것의 침투성, 비배제성은 남자에게 위협적이며 바람직하게 해석되지 않는다. 식수는 이 신들림을 자기 자신에게서 탈-소유될 수 있는 '열림'으로 해석한다. 즉 이는 파괴의 계기가 아니라 경이로운 확장의 계기로서의 비-폐쇄성이다.[11] 여기에 '지니'의 탈주(출구, Sorties)의 의미가 모인다. 춤추는 그녀들이 자신들의 내부에서 나아가 타인들의 마음속에 은폐시켰던 "불편하고 부끄러운 생각들을 불러내곤 했다"는 것은 상징적이다. 의미의 연장선에서 보면 '춤'은 그간의 고통을 직시하며 결별하는 '해원(解冤)'의 몸짓으로도 읽힌다.

춤이 사그라들며 죽음의 영상은 이어진다. 그러나 이어지는 죽음에서도 강제징벌, 즉 죽임은 일어나지 않는다. 어머니는 아들을 죽이는 데 실패한다. 다시 소설 속 죽음은 죽음/자살의 경계와 피로/휴식의 대비 속에 모아진다.

  1) 한때 그녀도 어딘지 모르는 높은 곳을 향해 길을 오른 적이 있었다. (13쪽)
  2) 이제는 아니다. 이제 그녀는 아무것도 갈구하지 않는다. (13쪽)
  3) 마침내 그녀가 휴식을 취해야 하는 시간이다. (15쪽)

소설은 비장하게 끝난다. '상어'는 어머니의 습격을 물리치나 '지니'의 부재로 빛을 잃었다 자인하며 죽음을 선택한다. 그는 아무도 살지 않는 무인도에서의 죽음을 계획하며 사라진다. '쏠배감펭'의 경우 지금까지 '미친 듯이 살아오던' 자신의 삶의 속도를 수정하여 '지니'가 잠든 산 아래에서 '다른 사람'이 되어 산다. 어머니는 '상어' 징벌이 실패로 끝난 이후, 아니 이전부터 소설에서 보이지 않는다. 할 수 있는 일을 다하여 소진한 그녀는 휴식을 취하는 듯 찾을 수 없다. '지니'의 경우도 갇혀 있던 자신

---

11) 엘렌 식수, 앞의 책, pp.99-100.

의 말을 몸짓으로 다 토한 후 산에 올라 죽음을 맞는다.

4. 아름다움, 무너지기 쉬운 절대성

'지니'의 출분에 전혀 영향을 받지 않는 존재는 '불가사리'이다. '지니'의 출분은 '우뭇가사리'의 결단과 '상어'와 '쏠배감펭'의 동요, 그리고 '핑크 아네몬'의 죽음을 불러온 일대 사건이었으나 '불가사리'는 '지니'의 출분 이후 오히려 안정을 찾고 자신의 정체성을 더욱 공고히 한다. '불가사리'의 정체성은 '지니'의 부재에 분발되어 그녀의 빈 공간을 채우며 완성된다. '불가사리'는 '지니'의 실종을 TV 방송에 드러냄으로 '지니'의 죽음을 단기에 집단적으로 승인하는 미디어의 위력을 활용한다. TV에 나가 애절한 슬픔을 담아 '지니'의 추억을 방영함으로 '지니'의 상징적 죽음을 공표하고 망각에 가속을 더한다. 이어 '불가사리'는 "대중이 원하는" 까닭에 '지니'를 대신하고, '지니'의 이미지를 모방하며 스스로 '지니'의 완벽한 '짝퉁'을 산다. 이런 점에서 '불가사리'는 진정한 '소비인간'이다. 소비사회에서 개인의 자기도취는 독자성의 향유가 아니라 집단적 특성의 굴절된 모습으로 자신을 개성화하는 듯하나 여성이 소비하는 것은 대부분 모델의 코드이다.[12] '불가사리'는 '지니'의 이미지를 소비한다. '지니'를 소비함으로 조금씩 자신의 정체성을 수정/형성한다. 이는 '악마적인 계략'인가 아니면 '대중문화의 변증법'인가.

『마네킹』은 후반부에 이르러 '지니'와 '불가사리'의 대비로 선명하다. 즉 마네킹이기를 거부한 여성과 마네킹을 자처한 두 여성의 대조로 읽을 수 있다. 먼저 '지니'의 행보를 추적해 보자. 그녀는 여기저기 떠돌다 집 잃은(잃었다고 생각되는) 할아버지의 집을 찾아주러 다녔으나 속은 것이었다. 또한 그녀를 잃어버린 자신의 딸로 생각하는 정신 나간 여자를 만나

---

12) 장 보드리야르, 이상률 역, 『소비의 사회』, 문예출판사, 1992, p.128.

그 여자의 딸 노릇을 해주나 나중 속인 것(?)이 밝혀져 매와 수모를 당하고 쫓겨난다. 그리고 젊은 일행에 합류하여 함께 시간을 보내다 그 중 실연의 슬픔에 못 견뎌하는 한 명의 청년을 위로하려 아무런 조건도 없이 자신을 내어준다. 이후 그는 '지니'에게서 힘을 얻어 실연의 상처를 떨치며 떠난다. 그 이후 '지니'는 여러 남자와 사랑/성을 나눈다. 낮에는 광장에서 춤을 추고 끼니를 겨우 때우고 아무 데서나 자는 '지니'는 여신이거나 부랑자이고 냉정하게 말해 정신이상자로 보이기도 한다. 그러나 이는 자본주의의 인간 소외논리를 교환과 자본의 논리로 읽는 마르크스 이론 뒤에 있는 작가의 시점을 알게 한다. '지니'의 행동은 이러한 이론적 전제 없이는 납득하기 어려운 행동양식일 것이다. 주지하듯이 마르크스는 돈이 갖는 부정적인 힘을 이겨낼 수 있는 것은 오직 사랑의 힘이라고 역설하며 '증여'를 강조한다. 자신을 사랑하는 것이 아니라 다른 사람을 사랑함으로써, 오히려 자신이 사랑받는 인간이 된다고 하는 마르크스가 생각한 사랑의 본질은, 바로 증여로서의 사랑이다. 인간은 원래 그렇게 사랑하는 존재인데 그 사이에 화폐가 침입하는 순간 사랑의 유동이 정지되고 그럼으로써 사랑의 증여적인 본질이 교환원리에 의해 혼란스러워지고 전도된 것이라는 주장이 골자이다.[13] 그러나 '지니'가 놓인 현실의 심각성은 이론의 숭고함으론 역부족인 듯싶다. 언제부터인가 '지니'를 좇는 아이를 업은 소녀의 그로테스크한 모습은 '지니'와 서로를 되비추듯 응시하고 있다. 이어 그녀의 몸에 깃드는 "분홍색을 띤 보랏빛의 막연한 기운"은 임신한 사실을 우회적으로 암시한다.[14] 여기서 최윤이 차용하고 있는 여성주의를 감지할 수 있다. 전제했듯이 남성-이성-자본의 논리를 넘어서는 존

---

13) 나카자와 신이치, 김옥희 역, 『사랑과 경제의 로고스 －물신숭배의 허구와 대안』, 동아시아, 2004, pp.154-155.
14) 여기에 이견이 있을 수 있겠으나 임신의 징후를 가장 먼저 알게 하는 신호가 "분홍색을 띤 보라색"이라는 사실은 경험 있는 여성들은 다 알 것이다. 지니의 성관계가 한동안 지속되었다는 사실은 이를 확실히 보증한다.

재로서의 여성과 사랑의 힘을 강조하고 있는 것이다. 작가는 여성의 완성 혹은 인간의 완성을 어머니라는 존재로 삼은 듯하다.

> 그녀는 누구에게랄 것도 없이, 아마도 전 세계의 모든 산정에서 소리 높여 기도하는 무수한 사람들을 향해, 그 중의 한 그리운 얼굴, 아무리 빗어도 다시 일어서는 우뭇가사리 머리를 하고 안쓰러운 듯 황송한 듯 그녀의 시선을 한 번도 바로 받아본 적이 없는 사람, 스스로에게 화가 난 듯 늘 퉁명스러운 말만 내뱉던 한 다정한 얼굴을 향해, 방금 아기에게 한 말을 중얼거렸다. 울 지 마 내 가 너를 이 렇 게 사 랑 하 는 데. 그녀는 그 말을 여러 번 여러 번 간절하게 반복했다. 점점 여려지다 완벽에 가까워진 침묵 속에 스러질 때까지(265쪽)

목소리, 법 이전의 노래, 상징적인 것에 의해 숨결이 끊어지기 전, 분리하는 권위 아래 숨결이 언어 속에 채 적응하기 이전의 노래. 가장 심오하며, 가장 오래되고, 가장 사랑스러운 어머니의 방문, 각각의 여성 안에서 노래하는 것, 그것은 이름 없는 최초의 사랑이다. 여성 안에는 언제나 다소 '어머니'가 있다. 회복시켜 주고 먹을 것을 주는 어머니, 그리고 분리에 저항하는 어머니, 끊어지도록 내버려두지 않는 힘이다. 여자와 아이와 맺는 관계는 끊어지지 않는다. 여자는 과거에도 아이였고 지금도 아이이다. 여자는 아이를 만들고 다시 만들고 해체한다.[15]

이처럼 어머니와 딸(아이)과의 끈끈한 연계 속 '지니'가 '모성적 열락'을 강조하고 사랑으로 그 출구를 찾았다면 '불가사리'는 자신의 몸에서 영혼을 거둬 상품화하고 스스로 대상화하는 성애적 모습으로 교환과 증식의 자본주의의 논리인 '팔루스(phallus)의 열락'에 기댄다.[16] 그의

---

15) 엘렌 식수, 앞의 책, p.115.
16) 자본주의의는 교환의 원리를 통해 사회 전체를 자신의 열락의 대상으로 삼기 시작한 팔루스의 기능에 의해서, 증식=열락을 행하는 셈이다. 우리의 자본주의 사회는 팔루스중심주의에 의해 이루어져 있다. 나카자와 신이치, 앞의 책, p.172.

열락과 증식에 기생(寄生)하는 기생(妓生)적 이미지가 광고모델 '불가사리'이다.

> 나는 거울 속의 한 여자의 나신에서 시선을 돌릴 수가 없었어. 강력한 흡인력으로 내 몸을 그 앞에 잡아당기고 있는 것은 다름아닌 반사된 내 몸이었지. (중략) 거울 속 여자의 외설적인 요염함, 무엇보다도 여체 앞에서 홀린 듯 몽롱해진 더운 눈길, 담배 연기를 내뿜느라 벌어진 다소간 물기에 부풀은 입술, 그리고 보이지는 않지만 아침 이슬 같은 물방울이 그대로 맺혀 있는 치모 사이에서 몰래 피는 꽃처럼 열려지는 것이 감지되는 거울 속 여자의 가려진 성기. (중략) 손가락이 더듬는 허리선 따라 담뱃불의 뜨거운 기운을 느끼는 것은 내몸이야. 그러나 나를 멈추게 한, 나를 흘리듯이 쳐다보고 있는 거울 속 여자는 얼마나 내게 생소하던지! 거울 속 여자에게서 내가 바라보던 것은 바로 지니의 모습이었던 거야. 죽은 지니의 모습. 처음엔 섬뜩했지만 뭐, 주검이나 유령같은 것도 별것 아니더군. 그렇게 매일매일 한 발짝씩 더 지니와 이별을 하는 걸 즐기게 됐다고나 할까. 매일 조금씩 지니의 죽음에 익숙해지면서 말이야. (159-160쪽)

'불가사리'가 비춰 보는 거울은 이미 자신을 비추는 객관적 반영물이 아니다. 이는 거울 속에 비친 여성이 '거울 속 여자'라는 거리와 같다. 그 여자를 바라보는 젠더가 불분명한 '몽롱해진 더운 눈길'의 시선이 누구의 것인지 알 수 없다. 꽃처럼 열려지는 성기의 외설은 그녀가 지향하는 것이 자본주의 교환 원리의 상징인 '팔루스의 열락'임을 짐작하게 한다. 그녀의 소외는 깊어진다. 거울 속 여자는 '지니'의 유령이다. 이미 '지니'의 주검에 익숙한 '불가사리'는 주검/죽음의 영역에 가깝다. '불가사리'는 조금씩 죽어가고 있기 때문이다. 그래서 '불가사리'가 죽인 것은 '지니'가 아니라 자신의 영혼이다. 이로서 이 소설은 지니/불가사리, 자연/도시, 미/추, 무한/유한, 여성/남성, 자유/규율, 휴식/피로의 명백한 대비로 맞선다.

그러나 확실한 구분의 대비는 명쾌하나 여전히 문제는 남는다. 어머니의 신화도 여성에게서조차 거부되는 이 시대에 절대적인 미의 여신의 부각은 우화성의 강조와[17] 그 의미의 심오함에도 불구하고 과도하거나 부적절해 보인다. '지니'의 모습은 고대 매춘의 개념이 존재하지 않던 시절 숭고한 성녀의 이미지이나 시간 속에 일그러지는 미인처럼 불안하고 위태해 보인다. '지니'의 아름다움이란 무엇인가. 물론 이미 앞에서 살폈듯이 교환과 계산의 논리를 넘은 진정성/모성이라는 점은 명백하다. 어린 시절부터 발탁되었던 광고 모델 '지니'의 아름다움은 그녀의 절대적인(?)미모와 고운 영혼이 빚어낸 예술품인 듯하다. 그러나 아름다움의 찬양은 여전히 애매하다.

> 아름다움은 입을 열게 하고 말하게 하며 울게 하고 웃게 한다. 아름다움은 사람들의 숨을 막히게 하지만 동시에 그들을 살아가게 한다. 아름다움은 인간을 환자로 만들고 또 그 환자를 치유하는 약물이기도 한 것이라고.(95쪽)

작가가 애정을 쏟는 '지니'의 아름다움에의 부각은 그것이 소비사회의 병폐를 역설하는 비유로는 적절하나 소비사회의 실체를 진단하고 처방하는 데에는 오히려 장애가 되고 있다. 이는 자본의 틀 밖에서 해방된 마르크스 공산주의가 자본주의 그 자체 속에 내재되어 있는 환상, 즉 가장 순수하게 위반을 내적으로 지니고 있는 자본주의자라는 오류적 환상과 같은 것이다.[18] 마치 종교와 같은 절대적인 아름다움의 상(icon)은 소비사회의 본질을 놓치게 되는 하나의 장애로 이 지점에서 우상파괴주의적인(우

---

17) 김경수, 「절대적인 것과의 소설적 만남」, 최윤, 『마네킹』, 2003, p.282.
18) 슬라보예 지젝, 김재영 역, 『무너지기 쉬운 절대성』, 인간사랑, 2004, pp.34-35.

상파괴주의: iconoclaism)노력도 함께 찾아져야 할 것 같다. 환상은 객관적이지도 주관적이지도 않은 오히려 '객관적으로 주관적인 이상한 범주', 사물이 객관적으로 보이지 않더라도 실제로는 객관적으로 보이는 것 같은 방식에 속한다는 말은 새겨볼 만하다.[19)]

그러면 여기서 '지니'가 가진 아름다움과 소설의 대미로 장식된 죽음의 의미를 냉철하게 살펴보자. 말(언어의 체계)을 잃은 그녀가 몸말을 할 수 없다면 그녀는 무엇으로 자신을 증명할 수 있었을까. 본능적인 듯 주어졌던 생명과 모성의 논리를 온몸으로 역설하는 것 말고 현실을 살 일체의 지식과 지혜/요령을 갖지 못한 그녀의 아름다움은 '상어'의 지극한 우려처럼 시간이 지나면 시들까 두려운 한시적 자산이다. 그래서 그녀의 아름다움은 소비적인 것이고 그녀가 속한 계층과 계급의 낮은 단계를 보증한다. 다소 삭막한 논리인 듯하나 '지니'가 다른 자본을 갖추고 있었다면 그녀의 운명은 다양한 동선의 역동성을 그리며 펼쳐졌을 것이다.

따라서 이어진 죽음은 그 심대한 의미에도 불구하고 패배적이다. 그것은 개인의 저항과 거부로는 도도한 소비사회의 팽배와 소외를 막을 수 없다는 것을 웅변하고 있는 것은 아닌가. 죽음은 이상과 현실의 괴리 속 주연과 명품의 욕망을 접고 건강한 짝퉁과 유사품으로서의 세속적 삶을 받아들인 씩씩한 다수의 대중들에겐 너무나 '숭고한' 선택이다. 오히려 살아남은 다수는 이 시대 배제의 상품논리를 뚫고 틈새에 터잡은 불가사리에게서 생존의 가능성을 모색하지는 않을까. '지니'의 진정성은 다수의 소외이다.

죽음은 이처럼 살아남고자 하는 현대인들에게 낯선 숭고함이다. 문제는 이 소비사회를 거뜬히 넘어설 수 있는 주체성의 견지와 지혜의 모색에 있다. 이 모색은 여성의 몫으로 다시 남겨진다. 근대 이후 여전히 '소

---

19) 위의 책, p.126.

비'와 '양육'의 주체이며 동시에 보여지는 세상에 훈육된 마네킹의 적자(嫡子)인 '여성', 쇼윈도 앞에서 홀린 듯 '몽환(夢幻)적 계산'을 꿈꾸고 있는 소비주체 우리 여성들이 먼저, 결단을 내려야 할 듯하다.

■ 참고문헌

진중권, 『춤추는 죽음』, 세종서적, 1997.
최 윤, 『마네킹』, 열림원, 2003.
나카자와 신이치, 김옥희 역, 『사랑과 경제의 로고스-물신숭배의 허구와 대
　　　안』, 동아시아, 2004.
슬라보예 지젝, 김재영 역, 『무너지기 쉬운 절대성』, 인간사랑, 2004.
　　　　　　, 김종주 역, 『환상의 돌림병』, 인간사랑, 2002.
엘렌 식수, 박혜영 역, 『메두사의 웃음/출구』, 동문선, 2004.
쟝 보드리야르, 이상률 역, 『소비의 사회』, 문예출판사, 1992.
제임스 트위첼, 김철호 역, 『욕망, 광고, 소비의 문화사』, 청년사, 2001.
질 리포베츠키, 이득재 역, 『패션의 제국』, 문예출판사, 1999.
하쿠호도 생활종합연구소, 윤영주 역, 『감각시대의 소비스타일』, 시유사,
　　　1996.

몸 관리 프로젝트
– 다이어트와 성형을 중심으로

한옥선

몸 관리 프로젝트
― 다이어트와 성형을 중심으로

한 옥 선

1. 서론

현대 사회에 들어서면서 몸에 대한 관심이 증가하여 육체의 아름다움과 건강이 중요한 테마로 등장하게 되었다. 이어 육체를 집중적 관리 대상으로 삼는 '몸 관리'가 확산되었다. 대표적인 예가 20세기의 신흥 종교로까지 지칭되는 다이어트이다. 원래 다이어트는 임상치료에서의 전통적 양생법이었으며 종교에서는 세속에 대한 금욕주의의 실현을 위해 인간 몸에 규율을 확립할 목적으로 실시되었다.[1] 하지만 이런 다이어트의 원형과는 달리 현대의 다이어트는 날씬함과 뚱뚱함에 대한 이분법적 가치판단이 개입되어 바람직한 육체 획득을 위한 방법으로 고려된다. 처음에는 날씬함과 뚱뚱함이 건강이라는 의학적 담론 안에서 출발하였지만 이제는 인간 육체의 아름다움에 대한 지배적인 담론 안으로 포섭되어 날씬한 몸을 위한 다이어트가 가속화된다.

---

1) 변재란, 「여성, 신체, 여성」, 『여성과 사회』 제 8호, 창작과비평사, 1997, p.123.

변화를 보여주는 또 다른 예는 성형 수술이다. 한국갤럽이 1994년에 실시한 조사에서 '성형수술을 고려해 본적이 있다.' 는 응답은 13.9%에 불과했으나 1999년 조사에서는 59%로 4배 이상 늘었다.(한국일보, 1999년 8월 7일.) 2005년 조사에 따르면 여성 5명 가운데 4명꼴인 80%로 늘었다. 2005년에 미혼여성을 대상으로 한 조사에서 '성형수술을 받는다면 다른 사람에게 떳떳이 그 사실을 밝힐 수 있는가?' 란 질문에 90.5%가 '굳이 숨기지 않겠다' 고 응답할 정도로 성형은 더 이상 비밀스런 일탈이나 병리적인 자아도취로 간주되지 않는다.(2005년 성형외과 정보사이트)

한국 사회에서 성형수술에 대한 사회적 허용도가 이렇게 급작스럽게 높아진 이유는 무엇일까? 본 연구는 몸 가꾸기가 일상화되고 프로젝트화 되는 사회적 현상이 상당 부분 몸 관리 산업들에 의해서 조장된다는 문제의식에서 출발한다. 몸 관리가 일종의 자아구성 활동으로 강조되는 사회에서 개인들은 자신의 이미지를 점검하고 일상적으로 몸에 관심을 가지고 투자하라는 권유를 끊임없이 받고 있다. 비만/헬스센터 등 각종 몸 관리 산업체들은 고객확보를 위해서 치열한 경쟁을 벌이고 있다. 그 중에서도 성형 산업은 다이어트 산업과 더불어 대대적인 광고 공세를 특히 여성들에게 퍼붓고 있다. '성형 미인이 아름답다. 이제는 여성에게 있어서 미(美)는 필요조건이 아닌 필수조건!', '비만은 모든 여성의 적, 부작용 없고 간편한 지방흡입술', '사회생활에서 외모는 실력과 능력으로 통한다.' 등과 같은 광고 문구들을 여성잡지나 광고 등에서 너무나 자주 마주치고 있다.

본 연구는 다이어트와 성형에 초점을 맞추어서, 90년대 전후의 몸 관리 양상을 알아보고 몸 관리 메커니즘을 살펴보고자 한다. 이를 위해 한국언론재단에서 운영하는 종합기사검색 사이트인 www.kinds.or.kr을 통해 2000년부터 2005년까지 다이어트와 성형의 기사를 검색하여 참고하였고, TV와 전체 일간지의 정보도 참고했다.

2. 이론에 대한 비판적 검토

1) 몸 관리에 대한 서구의 논의

육체는 이성과 의식의 작용을 중요시한 근대의 학문체계에서 거의 관심의 대상이 되지 못했다. 이러한 전통에 변화가 일어난 것은 20세기 초반부터였으며, 특히 2차대전 이후 의료과학기술의 발달과 급성장한 경제 속에서 나타난 소비문화, 페미니즘 이론과 실천, 포스트모더니즘의 영향 등이 육체, 의식, 존재, 정체성 사이의 관계에 의문을 제기함으로써 육체가 현대사회를 이해하고 구성하는 데 중요한 것임을 인식하게 해주었다.[2]

네틀턴(Nettleton)과 왓슨(Watson)에 의하면, 육체가 중요하게 부각되게 된 몇 가지 사회적 요인이 있다. 첫째로, 여러 가지 계기를 통해 몸이 '정치적으로 쟁점화'(politisation of the body)되었다는 사실이다. 몸의 '정치적 지위'에 대한 지적은 가장 먼저 여성의 몸이 남성에 의한 억압의 매개체가 되어왔음을 보여준 페미니스트들에 의해 이루어졌다. 그들은 여성의 몸에 대한 남성 및 남성화된 과학의 통제에 대해 여성 스스로의 자기 통제권을 주장함으로써 몸을 정치적인 것으로 부각시켰다. 또한 터너(Turner B.S.)는 정부의 중요한 관심이 항상 몸의 통제에 있었다는 점에서 몸이 정치적·문화적인 행위의 중심 영역을 구성해왔다고 지적함으로써 몸을 '정치화'했다.

두 번째로 '인구의 노령화'로 노화에 따른 몸의 변화가 관심의 대상으로 부각되었다. 또 질병으로 인한 몸의 생물학적 변화가 가져오는 사회적 결과와 관련하여 몸의 문제가 제기되기도 했다. 세 번째로, 현대 산업사회와 관련된 소비문화의 대두이다. 이는 몸을 유지하고 가꾸는 데 소비되는 상품과 서비스의 증대와 관련되어 있다. 네 번째는 인간복제와 같은 새로

---

2) 장미경, 『페미니즘의이론과 정치』, 문화과학사, 1999, p.187.

운 과학기술의 발달로 인해 인간의 몸 자체의 불확실성이 중요한 문제로 제기되었으며, 다섯 번째로 기든스와 같은 일련의 이론가들에 의해 제기된 후기 근대성과 관련한 몸과 자아정체성의 문제도 몸에 대한 또 다른 측면의 관심을 불러일으켰다.[3]

육체에 대한 서구의 논의들은 사회적 상호작용에서의 몸의 상징적 의미와 '자아 연출'을 개념화한 고프만이나 권력의 작용점으로서의 육체를 파악한 푸코, 혹은 개인과 집단의 계급성향이 상징적으로 각인된 '육체자본'의 개념을 통해 사회적 불평등과 몸의 관계를 분석한 부르디외, 몸의 문명화 과정을 밝힌 엘리어스, 소비대상으로서 육체를 본 보드리야르 등 다양한 이론가들에 의해 여러 측면에서 진행되었다.[4]

몸에 대한 관심이 최근의 학문적 경향인 것은 사실이지만, 몸과 정신의 이분법을 부정하고 몸의 중요성을 강조한 철학적 흐름들이 전혀 없었던 것은 아니다. 니체는 몸을 가장 근원적이며 본질적인 것으로, 능동적이고 창조적인 힘의 근원으로 파악함으로써 몸의 디오니소스적 가치를 강조했으며,[5] 하이데거, 메를로 퐁티 등도 육체와 정신의 이분법을 부정하면서 '살아있는 육체 자체의 사유와 행위'를 부각시켰다.[6]

(1) 권력 작용으로서의 몸 관리 : 푸코

몸의 관리와 통제의 문제를 누구보다 중심적으로 다룬 사람은 푸코이다. '몸 관리'에 대한 서구의 논의를 푸코로부터 시작하는 이유는 그의 논의를 통해 비로소 몸은 생물학적인 것에서 정치적이고 사회적인 것으로 부각되었으며, 근대성과 근대역사를 새롭게 볼 수 있는 하나의 틀로서의

---

3) 네틀턴(Nettleton)과 왓슨(Watson), 「The body in everyday life」, Routledge, 1998, pp.4-8.
4) 쉴링, 「몸의 사회학」, 나남출판, 1999, pp.124-129.
5) 오생근, 「데카르트, 들뢰즈, 푸코의 '육체'」, 「사회비평」 17호, 1997, pp.101-102.
6) 김홍우, 「신체의 현상학과 정치학에 대한 그 함의」, 「사회비평」 17호, 1997, pp.127-129.

중요성이 제기되었기 때문이다.[7] 그러나 엄밀히 말해 푸코의 논의에서 육체는 근대적 권력의 '작용점'으로서 중요하게 부각되었을 뿐 그에게 중요한 것은 권력의 문제이다. 몸에 권력이 어떻게 작용하고 기능하였는지를 해부하는 것이 푸코의 관심이었던 것이다.

『감시와 처벌』은 권력의 작용점으로써의 몸이라는 푸코의 전반적 주장에 대해 19세기 이전과 이후의 형벌의 제도변화를 통해 보여주고 있다. 몸에 직접적으로 가해지는 고통을 통해 권력을 공개적으로 과시하던 신체형에서 감금 제도로의 변화는 개인에 대한 권력의 통제기술과 전략이 근대적인 형태로 변화되었음을 의미한다. 즉, 몸에 대한 직접적 잔인성과 가시성을 특성으로 하던 권력의 힘은 법이라는 추상적이고 중성적인 힘으로 대체되었으며, 권력은 감시와 규율 및 훈련이라는 특정한 기술들을 통해 개개인을 조작 권력행사의 객체 및 도구로서 확보했다.[8]

(2) 자기 성찰로서의 몸 관리 : 기든스

기든스는 오늘날 외모에 대한 관심과 그것을 통제하려는 시도를 푸코처럼 생체권력의 발생에 의존하여 설명하는 것은 절반의 설명일 뿐이라고 비판한다. 그는 몸이 행정 권력의 초점이 된 것이 분명하다 하더라도 몸이 자기 정체성의 가시적인 매개체(carrier)가 되어감으로 라이프스타일이나 개인들이 선택하는 결정 속으로 점차 통합된다고 주장한다.[9] 몸의 발전과 외모에 대한 책임이 분명히 그 소유자의 손에 달려있다는 사실 그리고 다이어트와 같은 관리가 개인의 선택의 문제라는 점을 강조하면서 기든스는 몸이 '성찰성'과 상당히 융합되어 있다고 주장한다. 즉 개인의

---

[7] 물론 몸을 '정치적인 것'으로 보도록 하는 이론적 관점을 마련한 것은 푸코만의 업적은 아니다. 앞에서 언급했듯 페미니즘 역시 '여성의 몸'에 대한 논의를 통해 몸을 생물학적인 것에서 정치적인 것으로 부각시키는 틀을 제시하였다.
[8] 박홍규 역, 『감시와 처벌』, 강원대 출판부, 1989, p.226.
[9] Giddens, 황정미 역, 『현대사회의 성, 사랑, 에로티시즘-친밀성의 구조변동』, 새물결, 1996, p.71.

몸 관리는 하나의 라이프스타일의 선택이자 몸에 대한 자기성찰성이라고 볼 수 있다는 것이다.

이러한 기든스의 주장을 이해하기 위해서는 먼저 그가 설명하는 '성찰성(reflexivity)'의 개념이 무엇인지를 분명히 해야 한다. '성찰성' 혹은 '성찰적'이라는 것은 무엇을 의미하는가? 기든스는 '권력-지식'이 사회조직으로 퍼져가는 방식에 대한 푸코의 설명이 고정되고 일방적인 것임을 비판하면서 '제도적 성찰성(institutional reflexivity)'의 개념을 제시한다. 그에 의하면, 사회적 삶 속으로 도입되고 또한 그것을 변형시키지만 그것이 기계적인 과정이나 반드시 통제된 방식으로 이루어지는 것은 아니며, 오히려 개인이나 집단들이 선택하는 행동의 기본 틀의 일부가 된다[10]는 것이다. 즉 담론은 개인의 행위를 결정하는 것이 아니라 그 행위의 선택 가능한 틀을 제공한다는 점에서 결정적인 것이다.

(3) 소비의 대상으로서의 몸 관리 : 보드리야르

오늘날의 몸 관리 범람에 대해 보드리야르는 기든스와는 전혀 다른 방식으로 해석한다.[11] 보드리야르는 자본주의적 생산/소비구조 속에서 모든 사물의 요약적 표현으로 나타나는 육체에 주목한다. 보드리야르 식으로 말하자면 자신의 몸을 둘러싼 현대인의 '자기 성찰성' 이야말로 자본주의가 개인들 스스로부터 만들어내는 소비욕구에서 비롯된 '나르시시즘적 열중'이다.

그의 이러한 이론적 입장은 "인간과 몸의 관계를 결정하는 양식은 그 어떤 문화에서도 인간과 사물의 관계 및 사회적 관계를 결정하는 양식을

---
10) 위의 책, p.68.
11) 물론 이것이 보드리야르가 기든스의 논의에 대해 반박하는 형식으로 자신의 이론을 전개한 것을 의미하는 것은 아니다. 시기적으로 볼 때 보드리야르의 논의(1970)가 기든스(1991)보다 앞선 것은 물론, 오히려 기든스가 보드리야르의 주장에 대해 반대하는 입장에서 자신의 '성찰성' 개념을 쓰고 있다.
12) Baudrillard, 이상률 역, 『소비의 사회-그 신화와 구조』, 문예출판사, 1991, p.190.

반영한다."는 생각에서 비롯된다.12) 즉 현대사회에서 몸이 차지하고 있는 지위와 개인들에게 자기 몸이 갖는 의미는 오늘날 인간과 사물의 관계 및 사회적 관계를 결정하는 양식으로써의 자본주의적 관계 속에서 비로소 그 본질을 파악할 수 있다는 것이다. 이러한 관점에서 보드리야르는 몸이 현대사회에서 사유재산 일반과 똑같은 지위를 부여 받으며 자본인 동시에 소비대상으로 이중적으로 취급되어 투자되고 동시에 물신숭배 되는 자본주의적 현상에 주목한다.

(4) 몸 관리에 대한 페미니즘적 논의

'여성이 무엇인가?' 라는 여성정체성에 대한 질문은 결국 '여성'의 1차적 표시로서의 '여성의 몸'을 고려하지 않고서는 대답할 수 없다. 그러므로 '여성의 몸'에 대한 규정과 규범 그리고 사회적 담론은 그것을 둘러싸고 페미니즘 이론이 가장 첨예하게 논쟁하고 투쟁하는 '장'이기도 하다.

페미니즘 이론이 몸에 대해 본격적으로 관심을 갖고 논의하기 시작한 것은 "정신=남성, 몸=여성"이라는 위계화 된 이분법을 비판하면서였다. 이러한 이분법은 '정신'에 대해 '몸'을 폄하함과 동시에 여성을 육체와 동일시함으로써 여성의 열등성이 자연적이고 본질적인 기원을 가지고 있음을 상정했다. 이는 '여성 몸'에 대한 또 다른 폄하와 맞물려 있는데 몸 자체가 정신보다 열등한 것이지만 그 중에서도 여성의 몸이 남성의 몸보다 열등한 것으로 간주되었다. 여성 몸은 불완전하거나 통제 불가능한 것으로서 불결하거나 위험한 것으로 혹은 탐욕적이거나 수동적인 대상으로 인식되었다.13)

페미니즘내의 몸 담론은 어떤 의미에서 이에 대한 비판으로 시작해 대안적 담론들과 전개로 구성되어 있다고 볼 수 있다. 보봐르, 울스톤크래프

---

13) 장미경, 『페미니즘의 이론과 정치』, 문화과학사, 1999, pp.192-199.

트, 파이어스톤과 같은 페미니스트들은 각기 다른 방식이긴 하지만, 여성의 평등과 해방을 위해 여성 몸의 제약성이 극복되어야 한다고 주장했으며14) 그에 대해 미첼, 쵸도로우, 크리스테바, 바렛과 같은 페미니스트들은 변화되어야 할 것은 여성의 몸 그 자체가 아니라 오히려 여성의 몸에 대해 의미를 부여하는 방식이나 사회적 태도 가치라고 주장했다.15)

2) 몸 관리에 대한 국내의 논의

90년대 초반에서야 본격적으로 시작된 국내의 몸 논의는 한편으로는 푸코를 비롯한 서구 이론가들을 소개하면서 이루어진 육체담론이거나 그것을 우리의 현실과 접목시키려는 노력으로 진행된 이론적 검토가 대부분이었다. 『문화과학』을 중심으로 심광현(1993), 유초하(1993), 이정우(1993), 이동연(1993), 이득재(1993) 등이 본격적으로 이론적 논의들을 시작했으며, 이들은 주로 권력과 자본의 관점에서 몸을 고찰하는 서구의 논의에 대한 소개와 비판적 검토를 통해 혹은 동·서의 육체관에 대한 철학적 비교16) 등을 통해 몸이 중요한 학문적 주제임을 보여주었다. 이는 몸에 대한 당시 학계의 관심을 불러일으키기도 했지만 그것을 반영한 것이기도 했다.17)

몸 자체에 대한 사회적 관심이 크게 증대되고 더불어 몸과 관련된 여러 측면의 논의들이 진행된 90년대 후반에는 초기와 달리 국내의 현실적 상황에 대한 분석도 다양하게 시도되었다. 특히 여성의 '몸 관리'들이 크게

---

14) Grosz, Elizabeth, 「Refiguring Bodies」, in Gorsz, E, 『Volatile Bodies : toward a corporeal feminism』, 1994, Blomington:Indiana University Press. p.15.
15) 장미경, 앞의 책, p.203.
16) 안옥선, 「전통과 현대」, 여름호 통권 8호, 1999, p.104.
17) 사실 몸에 대한 관심과 본격적인 논의 전개는 몸이라는 주제 자체가 학문적으로 폄하되어왔다는 경각에서 비롯된 것 못지않게 정치적 경제적 주제에서 '문화'로 관심이 이동하던 90년대 초의 사회학적 지형과 무관하지 않을 것이다.

증가하면서 국내의 구체적 분석들은 대부분 여성의 몸에 대한 연구로 집중되었다.

현재 국내 사회학 내에서 몸은 가장 활발한 논의의 대상으로 부상하고 있는 주제임이 틀림없다. 90년대 육체에 대한 논의들은 양적, 질적으로 증대된다. 그러나 몸 관리에 대한 국내 논의는 몇 가지 점에서 한계를 가지고 있다.

먼저, 국내의 논의는 '현재 유행하고 있는' 몸 관리의 다양한 양상에 대해 구체적으로 고찰하고 있지 않다. 대부분의 논의가 여성의 몸 관리나 외모나 몸과 관련된 철학적이고 이론적인 논의로 구성된다. 건강한 몸의 중요성과 더불어 건강관리의 정도가 급증하고 있는 현실적 상황에도 불구하고 이것이 가지는 의미에 대해 직접적으로 다루고 있는 연구는 찾아보기 힘들다. 이는 연구 대상만이 문제가 아니다. 몸 관리가 권력과 자본이라는 거시적 관점에서만 논의되고 있으며, 개인들에게 자신의 몸이 어떤 의미를 가지는지 그리고 몸 관리가 왜 중요한 것으로 부각되는지에 대해 권력의 산물로서만 설명될 뿐이다.

문제의 핵심은 여성과 남성 모두에게 자신의 몸이 중요한 것으로 부상하고 있다는 사실이다. 이는 권력의 산물이나 자본의 산물만이 아닐 것이다. 그것이 자신의 반영으로 여겨지고 자기의 책임 하에 두어짐으로써 자신의 육체를 기획과 통제와 관리의 대상으로 간주하는 것이다. 몸의 상품화와 동일한 의미는 아니고 지배적 문화로 되어간다는 점이다. 오늘날 개인의 몸은 잘 가꾸어지고 관리되어지기를 끊임없이 요구받는다. 모든 것이 개인의 책임으로 떠넘겨져 있다. 이 자체가 중요한 사회학적 의미를 가진다.

3. '몸 관리' 양상

1) 90년대 이전의 몸 관리

80년대 중반 이후 경제성장과 더불어 사회체육 보급의 일환으로 헬스나 에어로빅, 스포츠 등이 급속히 확산되면서 개인들의 자기 몸 관리가 드러나기 시작했지만 여전히 몸 관리 산업이라고 할 만한 것은 패션이나 화장품과 같은 미용산업 정도가 고작이었다.[18] 즉 현재와 같은 형태와 규모의 몸 관리 산업이 정착되지 않았음은 물론 그 유형도 다양하게 분화되지 않은 상태였다. 그럼에도 90년대 이전 몸 관리들은 '몸 관리' 자체가 삶의 중심으로 부상하는 오늘날의 현상과는 구별되는 몇 가지 경향들을 보여준다.

먼저, 오늘날에 비해 남·녀의 몸 관리가 비교적 명확하게 구분되어 있었다는 점이다. 여성은 주로 화장과 패션 같은 외모관리에 집중되어 있었고, 건강관리는 주로 남성들의 몫이었다. 운동과 헬스가 남성들 사이에서 유행하던 시기에도 이것은 주로 외모관리의 측면보다는 건강을 위해 동기화되는 경우가 많았다. 그러나 오늘날과 가장 큰 차이는 남녀에 관계없이 몸 관리 자체가 국민적인 관심사가 아니라 일부에 국한되어 유형화되어 있었다는 점이다. 여성의 경우 주로 20대를 중심으로 외모관리가 이루어지고 있었고 성형은 그야말로 상류층 부인들의 사치에 국한되었다.[19] 건강식품을 찾는 사람들은 주로 건강에 민감한 중년의 남성들이었고, 운동과

---

18) 이동연, 「육체의 관리와 문화효과」, 문화과학사, 1993, p.148.
19) 「주부 이진선(45, 가명)씨는 12년 전 미국으로 건너가 코 수술을 받은 일이 있다. "언론에서는 할 일 없고 돈 많은 유한부인의 사치라고 매도했죠. 하지만 국내 수준을 믿을 수 없었어요. 게다가 성형에 대한 인식도 좋지 않아 성형수술 받았다는 사실을 알리고 싶지 않았지요. 두 달간 여행 겸 다녀왔어요." 이씨는 당시의 선택에 대해 이렇게 설명했다. 그리고 지금 이씨는 주름살 제거 수술을 받기 위해 서울 압구정동의 한 성형외과에 와 있다. "숨길 이유도 없거니와 국내 의료수준도 많이 높아진 것 같다"는 것이 그 이유다.」 (《신동아》, 2001년 8월 제 58호)

헬스, 스포츠는 중산층의 젊은 20~30대 남성들이 즐기는 것이었다. 그러나 오늘날은 세대나 계층, 성별을 기준으로 구분되던 경계선뿐 아니라 전혀 다른 범주로 생각되던 건강과 외모관리의 경계까지도 모호해지고 있다.

90년대 이전 몸 관리의 또 다른 특징은 몸의 외양이나 체형, 바디라인 등에 대한 관심이 없었다는 점이다. 이는 개인들의 몸에 대한 관심이나 욕구가 분화되지 않았기 때문이기도 하다. 사실 이 둘은 서로 연쇄적으로 영향을 미치는 요소들이다. 기술적, 경제적 발달과 더불어 사람들의 관심이 커지기도 했으며, 그 관심의 반영으로 몸 관리 산업은 더욱 확대 세분화되어 갔다. 90년대 이전에는 무엇보다 이 둘의 상호연쇄작용이 일어날만한 모든 측면 담론적, 인식적, 기술적, 경제적, 구조적 측면 등의 지반이 약했던 것이다. 그 결과 대부분의 개인들에게 자신의 몸은 관리의 대상이거나 목적이기보다 그냥 삶의 자연적 조건일 뿐이었다.

몸 관리의 양상들은 90년대 후반에 이르러 급속히 개인화되기 시작한다. 개인들에게 자신의 몸은 중요한 보살핌의 대상이 되었으며, 이에 따라 몸 관리는 그 실천 여부와 별개로 모든 개인들에게 가장 중요한 관심사로 부상하게 되었다. 물론 이는 경제적 성장이라는 90년대적 상황과 필연적으로 연관되어 있다.

몸 관리 중에서 다이어트와 성형의 유형을 살펴보고 그 특징도 고찰하고자 한다.

2) 90년대 이후 분화된 몸 관리의 유형

(1) 다이어트

현재 우리사회에서 유행하고 있는 몸 관리 중 가장 많은 비중을 차지하고 있는 것은 다이어트일 것이다. 날씬함이라는 꿈을 향한 젊은 여성들의 집착쯤으로 여겨지던 다이어트는 이제 그 대상에 있어서 남녀노소를 불문하고 생활의 일부로 일상화되어가고 있다.[20] 여성의 과도한 다이어트에 대한 비판이 줄을 잇지만 다이어트에 대한 사람들의 관심은 그를 훨씬 앞질러 나간다. 매일 수많은 다이어트의 비법들이 알려졌다가 사라지고, 사람들은 늘 '다이어트 중(dieting)'이다. 다이어트 인구가 증가하고 있다는 뉴스의 보도는 이처럼 다이어트를 고정적으로 하고 있는 사람들이 존재하고 있음을 의미한다.

다이어트가 여성들을 중심으로 급속히 확산되는 것에 대하여 많은 논자들은 경제적 성장과 그에 따른 여성의 역할변화 그리고 날씬함이 곧 아름다움이라는 서구의 미 관념이 일반화되었다는 점 등을 그 요인으로 꼽는다. 그러나 최근 다이어트가 젊은 여성은 말할 것도 없고 젊은 남성, 중년 여성과 남성 그리고 심지어는 어린이에 이르기까지 관심의 대상이 된 것은 비만에 대한 사회적 강조와 맞물리면서이다. 지금까지 대부분 미용의 관점에서만 이해되어 왔던 다이어트가 비만관리를 위해 절대적으로 필요하다는 의학적 결과들이 보도되면서 다이어트는 몸 관리(건강관리와 외모관리) 사이의 경계를 모호하게 만들었다.[21] 비만에 대한 사회적 혐오가 확산되면서 날씬한 여성조차 자신이 비만이라는 의심을 버릴 수 없게 되었고 남성들은 넉넉한 자신의 몸이 건강은 물론 자신의 외모평가에서도 치명적임을 인식하게 되었다. 초등학생이 자신의 몸무게를 의식하기 시작하였으며, 근육질의 남성도 지방에서 자유로울 수 없게 되었다.

살빼기에 대한 관심의 증대는 역설적으로 다이어트 산업을 살찌우고

---

20) 「지난 9일 남편 친구모임에 참석했던 전희경씨(37 서울 영등포구 여의도동)는 깜짝 놀랐다. 남자들이 한 사람씩 들어설 때마다 "와, 살 많이 빠졌네!" 혹은 "몸이 너무 불었어. 운동 안 하는 거야?"는 것이 공통된 인사말이었기 때문이다. "모이기만 하면 살 타령 하는 게 요즘 삶인 줄 알았어요. 그런데 남자들도 못지 않더라구요." 더욱이 이날의 하이라이트는 불과 58kg의 마른 남자가 '감량중'이라면서 튀김요리에 손도 대지 않았다는 사실이었다. "정말 스트레스예요. 남자들마저 이렇게 몸무게를 줄이는 판에 나는 이래도 되는가 괜히 우울해졌어요. 저희 남편도 모임 후 다이어트 해야겠다고 헬스클럽에 등록했어요."」(《뉴스피플》, 2001년 6월 제 66호)
21) 그러나 논의의 편의를 위해 본 절에서는 외모관리 측면에서의 다이어트에 초점을 두고 있다.

있다. 게다가 주기적으로 반복될 수밖에 없는 다이어트의 특성 때문에 다이어트 산업의 부피는 쉽게 줄어들지 않는다. 전통적으로 여름철에 국한돼 온 다이어트 시장이 최근 계절을 가리지 않는 연중무휴 시장으로 정착되면서 쏟아져 나오는 새 제품의 등장으로 다이어트 시장은 갈수록 커질 것으로 예상된다.

이에 따라 기존의 일동제약, 한미약품, 한독건강, 풀무원 등 국내업체와 허벌라이프, 암웨이, 파마넥스 등 외국계 회사들이 치열한 경쟁을 벌이던 다이어트제 시장은 최근 10개 업체가 가세하였고, 취급품목도 저 열량식, 선식, 키토산, 차 등 식품류는 물론 비누, 속옷, 각종 운동보조기구, 연예인과 누드스타의 다이어트 비디오, 헬스센터, 비만클리닉, 다이어트 캠프 등 열거하기 힘들 정도로 다양하다.(《내외경제》 2001년 1월 6일) 심지어 다이어트 슬리퍼와 다이어트 줄넘기까지 개발(《매일경제》 2001년 5월 22일)되었다. 민간요법을 방불케 하는 다이어트법이 소개되는가하면 열량 섭취량까지 세세히 계획하는 과학적인 방법도 있다. 웬만한 사람에겐 이제 상식이 된 '원푸드 다이어트(one-food diet)'를 포함, '순환식 다이어트', '덴마크식 다이어트', '황제 다이어트', '물 다이어트'[22] 등은 그 이름만큼이나 다양한 방식으로 시도된 다이어트법의 실태를 보여준다.

그러나 최근 과도한 다이어트의 부작용들이 보고되면서 매체들은 건강하고 믿을만한 과학적인 다이어트 방법들을 소개하거나 운동을 강조하는 방향으로 선회하고 있다. 녹차의 성분이 지방과 콜레스테롤을 몸 밖으로 배출시켜 살빼기에 효과적이라는 '녹차 다이어트'(《한겨레》, 2001년 5월 23일), 좋아하는 향기를 맡아 신경을 안정시키고 신진대사를 원활하게 해

---

22) '원푸드 다이어트'는 주로 비타민이 풍부한 과일을 이용, 영양소 결핍을 막으면서도 한 가지 음식만을 섭취함으로써 체중을 감량한다는 방법이며, '순환식 다이어트'는 며칠간 저 열량 식사를 하다가 다른 날은 평소 식사를 하는 방법이다. 덴마크 국립병원에서 개발되어 '덴마크식 다이어트'라고 불리는 이 방법은 탄수화물과 지방의 섭취를 줄이고 단백질을 높이는 저열량식단으로 체중을 감량하는 것이며, 마찬가지로 살코기만 먹음으로서 단백질섭취는 늘리되 지방섭취는 낮추는 다이어트법을 속칭 '황제다이어트'라고 한다.(《매일경제》, 2001년 6월 28일)

서 살을 뺀다는 '아로마 다이어트'(《경향신문》, 2000년 11월 11일), 심지어 명상과 요가로 살을 뺀다는 '명상 다이어트'(《조선일보》, 2000년 9월 22일), 살을 꼬집어 경혈을 자극하는 일명 '꼬집기 다이어트'(《경향신문》, 2000년 10월 21일), 침을 맞아 살을 빼는 '한방 다이어트'(《경향신문》, 2000년 9월 4일), 체형을 결정짓는 중요한 요인을 호르몬으로 보고 호르몬 주기에 맞춰 식품을 섭취하여 다이어트 효과를 증대시킨다는 '호르몬 다이어트'(《문화일보》, 2000년 3월 22일), 지방흡입 다이어트(《부산일보》, 2005년 11월 1일)등 열거하는 것이 무색할 정도로 빠르게 개발되고 있다. 다음은 지방흡입술 예이다.

    비만클리닉에 참가하는 시점에서 윤정민씨의 체중은 105.7kg이었다. 정민씨는 어려서부터 부친의 영향으로 운동을 좋아하고 실제로 다양한 운동을 해 근육량이 상대적으로 많은 체형이었다. 체지방량은 48.7kg, 근육량은 53.4kg이었다. 근육량이 많은 사람의 경우 체중을 줄이기가 쉽지 않은 것이 사실이다.
    정민씨는 우선 메조테라피와 복부 초음파 시술을 받았다. 지방흡입술을 받기 전 지방이 뭉친 것을 풀어줘 지방 흡입을 쉽게 하기 위한 조치다. 비만치료제 리덕틸의 복용도 시작했다. 리덕틸은 포만감을 증가시켜 자연스럽게 식사량을 감소시키며 지방분해의 촉진을 통한 열 발생을 증가시켜 에너지 소모를 증가시키는 약이다. 그리고 수면 부분 마취 하에 복부와 옆구리의 지방흡입술을 실시했다. 흡입량은 1천200cc였다. 이어 4회에 거쳐 복부 초음파를 실시했다. 이는 흡입술 후 복부의 멍과 부기를 줄여주기 위한 작업이라는 설명이었다.
    초음파 이후에는 메조테라피와 엔더몰로지 요법을 받았다. 지방흡입 이후에 하는 메조테라피와 엔더몰로지는 수술 후 뭉친 지방을 풀어 주고 남은 지방을 분해시키기 위해 시행한다. 엔더몰로지는 피부 마사지와 동시에 지방부위를 진동시켜 비만을 치료하는 방법이다. 비만으로 인해 생기는 셀룰라이트의 근본원인인 섬유화된 조직을 완화시켜 뭉쳐진 지방세포를 분

해하며 혈액 및 림프 순환을 촉진하고 피부에 탄력을 더해주는 요법이
다.(〈부산일보〉, 2005년 11월 1일)

소개기사는 주변에서 흔히 볼 수 있는 사례로 지방흡입이 대중화됨을
보여준다. 정민씨는 체중감량과는 무관하게 복부비만을 지방흡입술로 치
료함으로써 한결 몸이 가벼워져서 생활하는데 편안하게 되었다는 내용이
다. 다이어트 식품을 복용하거나 음식의 열량섭취량과 영양소를 조절함
으로써 체중을 감량하던 고전적 방법에서 차를 마시고, 향기를 맡고, 음악
을 들으며, 요가와 명상을 통해 심지어 호르몬 주기를 맞추어 살을 빼는
방법에 이르게 되었다. 곧 몸의 관리에 대한 사람들의 지속적인 관심을 반
영하고 있으며 다이어트를 전혀 하고 있지 않은 사람조차 자신의 몸에 대
해 생각해보게 만든다.

다이어트 인구의 증가는 비단 다이어트를 실행 중인 인구만을 지칭하
는 것은 아닐 것이다. 비록 지금 다이어트를 하고 있지 않더라도 다이어트
는 물론 자신의 몸의 관리가 중요하다고 느끼는 수많은 잠재적 인구의 현
재적 관심까지도 '다이어트 중'의 의미에 포함될 것이기 때문이다. 확산
되고 있는 것은 다이어트만이 아니라 다이어트에 대한 관심이기도 하다.
따라서 거식증·폭식증과 같이 극단적으로 표현된 병리적 현상만이 오늘
날 몸의 중요성을 보여주는 것은 아니다. 거식증과 가장 거리가 먼 사람,
혹은 거식증을 경계하며 과학적인 다이어트법을 권장하고 있는 바로 그
사람이 오히려 몸의 의미를 더 정확하게 드러내는지도 모른다.

(2) 성형

몸에 대한 정교화된 관심은 얼굴에서 가장 극대화되고 있다. 이마엔 실
리콘을 넣고, 콧대는 세우고, 콧망울은 좁히고, 눈은 절제하며, 볼은 도톰
하게 당겨주고, 턱과 광대뼈는 쳐내고, 입술엔 단백질을 넣는 등 흡사 조

물주가 얼굴을 빚어내는 듯한 창조는 성형을 기존 몸 관리의 방법들과는 질적으로 다른 것으로 만든다. 식이요법이나 운동 혹은 화장과 같은 대부분의 관리방식이 몸을 가꾸고 유지하거나 기껏해야 체중을 감량하는 점차적인 관리라면 성형은 그야말로 개조의 의미를 가진 직접적인 관리이기 때문이다. 성형의 유행과 일반화 추세에도 불구하고 여전히 이에 쉽게 익숙해지지 못하는 사람들이 존재하는 것은 몸을 근본적으로 변화시킬 수 있는 성형의 확실성이 도리어 몸에 대한 우리의 생각을 혼란스럽게 하기 때문일 것이다.[23] 그럼에도 불구하고 성형수술은 효과에서의 탁월성 때문에 당사자들에겐 가장 유혹적이다.

동방 커뮤니케이션스가 최근 20대 여성 2,400명을 조사한 바에 따르면 이들 중 18.3%가 성형수술을 받은 것으로 나타났다. 20대 여성 3명 중 1명이 성형수술을 받은 셈이다.(《주간한국》, 2005년 3월 제 1849호). 강남지역 전문의들은 최근 몇 년 새 성형수술이 급속히 보편화되면서 환자층도 매우 다양해졌다고 입을 모은다. 1989년 초에 전문의 자격을 취득하여 국내 성형외과 전문의 1세대에 속하는 한 성형외과 원장은 "10년 전에는 나이든 여성들이 몰래몰래 수술을 받았다. 최소한 20대 중반은 넘었다. 그러나 지금은 열 살도 안 된 아이의 손목을 끌고 오는 엄마들까지 생겼다. 남자 환자도 전체의 10%를 넘는다"며 "남녀노소의 구분이 점차 무의미해져가고 있다는 뜻"이라고 설명했다.(《신동아》, 2001년 8월 제 58호)

서울 양재동에 사는 주부 김모(53)씨는 최근 남편 몰래 주름살 제거를 위해 보톡스 주사 시술을 받았다. 자식들 대학 보내고 시집 장가보낸 친구들끼리 지난해 '성형수술 계'를 시작한 덕분이었다. 그는 "남들은 몰라도 내 스스로 만족하면 되는 것 아니냐"며 흡족해 했다. 60대 노인들이 성형외과를 찾는 것에도 다 그럴만한 이유가 있다. 눈가의 지방질이나 주름, 잡

---

23) 쉴링, 『몸이란 무엇인가』, 1999, p.26.

티를 제거하러 오는 경우는 물론 "인생을 되찾고 싶어서" 온다는 이들도 많다. 축 처진 유방을 위로 올리고 확대하는 수술을 받기 위해 한 성형외과를 찾았다는 70세 넘은 할머니 환자. "정말 꼭 수술을 받고 싶느냐?"는 담당의사의 몇 차례 질문에 그녀는 "나는 여자다. 남은 인생을 만족스럽게 살고 싶다"고 답했다고 한다.(《주간조선》, 2001년 7월 제1660호)

성형을 고집하는 사람들의 대부분은 자기만족을 위한 적극적인 노력의 한 방법으로 성형을 택한다. 그것이 나이를 초월해 성형수술이 확산되는 이유이기도 하다. 물론 아름다운 외모를 가지고 싶어 하는 젊은 여성이 성형 고객층의 다수를 차지하고 있는 것은 여전하다. 그럼에도 성형을 택하는 다양한 연령의 각양각색의 이유들은 자신의 몸이 타인에게는 물론 자기 자신에게조차 중요하다는 인식이 이미 대다수 사람들에게 공유되고 있음을 보여준다. 몸은 이제 그 누구에게나 자기인식과 자기만족의 가장 일차적 근원이 되었다.

성형은 결점을 가장 손쉽게 고칠 수 있는 방법으로 인식되기 시작했으며, 숨기거나 부끄러워할 필요 없이 당당하게 공개될 수 있는 것이라고 여겨진다.[24] 거기다 최근 성형을 아무렇지도 않게 하는 대다수 연예인들의 모습이 자주 비춰지면서 성형에 대한 대중들의 인식은 급속도로 바뀌고 있다. 비록 스스로는 성형을 엄두내지 못하더라도 성형에 대해서만은 관용적인 태도를 취하고 있는 것 역시 최근의 변화된 경향이다. 이는 성형에 대한 전반적인 관심이 클 뿐 아니라 대체로 호의적임을 암시한다.

> 아침마당에 성형을 20번이나 한 남자 대학생이 나왔다. 쌍꺼풀수술 3번, 코 수술 4번, 보조개수술 2번, 가슴 탈모제거술 4번, 팔 탈모제거술 2번, 다리 탈모제거술 2번, 입술 수술 1번, 눈지방제거술 2번을 했다고 한다.

---

24) 《주간조선》, 2001년 7월 제1660호

학생은 이제 성형수술은 더 이상 예뻐지려고 기를 쓰는 일부 연예인만의 얘기도, 감추어야 할 부끄러운 일도 아니다. 특히 젊은 층에서는 "머리를 염색하는 것과 쌍꺼풀을 만드는 것이 뭐가 다르냐. 누구나 자기 몸은 자기 마음대로 할 수 있다"는 생각을 갖는 이가 적지 않다고 말한다. 성형 수술 후 미팅을 나가거나 여자친구를 만나도 자신감을 갖게 되었다고 한다. 수술이 자연스럽게 되어 스스로 만족한다고 말하며 권한다.

(KBS 1 아침마당 해피토크, 2005, 10월 27일)

성형에 대한 관심이 증대하고 있다는 것 그리고 성형조차 얼마든지 자연스러운 것이 될 수 있다는 인식이 확산되는 것은 그 자체로 상당히 중요한 의미를 가진다. 이는 몸이 관리되고 변화되고 완성되어야할 대상으로 인식되고 있는 현대적 경향을 가장 극명하게 보여주기 때문이다.

최근 성형을 받으려는 환자들의 요구사항은 다양해지고 전문화되어 가는 추세다. 그것은 성형에 대한 관심이 늘어난 만큼이나 관심이 구체화되었음을 반영한 결과다. 성형부위의 모양뿐 아니라 수술방법에까지 까다롭게 신경을 쓰고 인터넷을 비롯한 다양한 채널을 통해 정보를 수집 그것을 토대로 자신의 의견을 적극적으로 피력하는 환자들이 많아지고 있다는 것이 전문의들의 한결같은 지적이다. 성형기술 역시 그에 못지않게 다양하고 완벽해지고 있다. 성형은 얼굴에서 신체 모든 부위로 확장됐고 간단한 수술에서 복잡한 수술로 진화했다.[25]

---

25) 「몇 년 전만 해도 성형수술 하면 쌍꺼풀이나 코 높이기, 유방확대 등을 떠올렸지만 이제는 주름제거, 지방제거, 사각형 턱과 주걱턱 교정, 종아리 성형, 광대뼈 깎기 등 한층 크고 복잡한 수술은 물론이고 섹시한 이미지를 풍기게끔 입술을 두텁게 하거나 인상을 좋게 하기 위해 좁은 이마를 넓게 하거나 혹은 눈매가 또렷해 보이도록 눈머리를 찢는 수술 등 그 종류가 100여개에 달한다.」((주간한국), 2000년 12월 제 1849호)

4. 몸 관리 메커니즘

다양한 몸 관리의 유행과 사회적 관심의 증대는 '왜 사람들이 자신의 몸에 대한 관리와 유지에 그토록 열중하는가?' 라는 필연적 질문으로 우리를 이끈다. 현대 한국사회를 사는 우리들에게 몸은 왜 특별한 중요성을 띠게 되었는가. 왜 오늘날 사람들은 몸의 외양과 상태를 끊임없이 의식하며 그것을 일상적으로 관리하는 데 익숙해지는가? 이는 결국 오늘날 개인들이 자신의 몸을 경험하는 방식과 관련되어 있다. 그러나 몸 관리라는 광범위한 현상을 초래한 한 가지 요인이란 존재하지 않을 것이다. 그것은 사회적 영향과 조건들 속에서 그것을 내면화하는 주체들의 행위와 실천을 매개로 형성되는 복합적인 사회적 구성물이기 때문이다.

1) 매체를 통한 몸 관리

현재 몸 관리라는 유행에 가장 큰 영향을 미치고 있는 것은 단연 매체이다. 매체는 몸 관리에 대한 정보를 제공하거나 그 유행에 대해 보도하는 객관적 방식에서부터 아름답고 건강한 이상적 육체들을 끊임없이 전시하는 주관적 방식 그리고 몸 관리가 얼마나 중요하고 필요한 것인지를 역설하는 적극적 방식에 이르기까지 다양한 방식으로 몸 관리라는 실천을 이끌어낸다. 매체의 영향력은 광고나 TV를 통해 연예인에 대한 모방심리나 아름다운 몸에 대한 욕구를 자극하는 것과 같은 직접적이고 단순한 방식에만 있는 것이 아니다. 매체의 진정한 힘은 그것이 담론의 구성을 통해 몸 관리를 둘러싼 일종의 사회적 의미공간을 형성한다는 데 있다.

무엇보다 최근 정보량을 급증시킨 가장 큰 요인은 인터넷 보급일 것이다. 현재 몸 관리에 대해 많은 정보를 제공해주고 있는 기존 매체들 일간지, 주간지, 여성지, 방송 등이 수적이나 시간적으로 제한되어 있는 반면

인터넷은 그 범위를 무한대로 확장시켰으며 쌍방향 커뮤니케이션이 가능한 장점을 활용 단순히 정보를 제공해주는 차원을 넘어선다.

2) 결점과 실행으로서의 몸 관리

외모적 결점의 노출로 인한 수치심과 정체감의 괴리를 피하기 위한 다양한 '실행' 전략의 구사 등에 대한 고프만의 설명방식은 오늘날 몸 관리가 이루어지는 메커니즘을 개인적 수준에서 이론화할 수 있는 가장 설득력있는 틀이 된다. 오늘날 결점은 점점 더 몸의 문제로 집중되며, 노출에 대한 두려움은 훨씬 더 강력한 것이 된다. 조그만 결점이라도 당사자에게는 '실질적(virtual) 정체성'이 됨으로 결점 수정의 실행 전략이 다양화되는 경향을 보인다. 고프만의 분석이 '장애의 사회심리학'이라는 측면에서 검토된 것임에도 오늘날 분석의 틀로서의 유용성이 몸에 대한 병리적인 관리-거식증이나 성형중독에만 국한되지 않는 이유는 몸 관리의 메커니즘 자체가 마치 장애에 대한 사회심리학처럼 작동하기 때문이다. 성형수술을 한 적이 있다는 한 유학생의 다음과 같은 주장은 그러한 사실을 충분히 뒷받침한다. "성형수술 하는 걸 놓고 옳으니 그르니 따지는 게 정말 우습다. 절름발이나 대머리, 선천적인 질환처럼 본인이 거울을 볼 때마다 속상하고 심리적으로 위축된다면 굳이 그런 걸 갖고 괴로워하면서 살 이유가 없지 않느냐?"(《주간조선》, 2001년 7월 제1660호)

좁은 이마 때문에 고민하던 강미연(26세, 가명)씨. 강씨는 이마 수술을 받고도 한동안 '피통'을 달고 다녀야 했다. 이마를 가르는 대수술을 하고 난 후라 출혈이 멈추지 않았다. 물론 말 못할 고통이 뒤따랐다. 하지만 결과는 좋았다. '끝이 좋으면 다 좋다'라고 믿게 된 강씨는 친구에게도 성형수술을 권했다. 강씨의 친구인 박수진(가명)씨에게는 남모를 고민이 있었다. 두 눈의 크기가 달랐던 것. 그냥 봐서는 이상함을 느낄 수 없을 정도인데 사진만 찍었다하면 여지없이 표가 났다. 짝눈으로 고민하던 박씨는 성형수술을 받기로 결심했다. 수술받는 김에 콧등도 높이기로 했다. 강씨는 수술을 받은 압구정동의 한 성형외과를 방문했다. "적금을 해약하면서까지 수술을 받는 것이 남들 보기에는 이상할지도 모르죠. 하지만 고민을 계속 안고 사는 것보다 낫다고 생각했어요."(《신동아》, 2001년 8월 제58호)

얼굴의 조그만 점이나 주름, 큰 얼굴, 좁은 이마, 크기가 조금 다른 양쪽 눈, 굵은 종아리, 작은 키, 튀어나온 배, 대머리 이 모든 것이 자신에게는 심각한 고민대상이자 결점이 된다. 많은 사람들이 결점으로 인한 고민을 가지고 사는 것보다 그것을 해결하는 것을 택하는 이유는 그것이 단지 조그만 결점으로 인식되는 것이 아니라 자아존재감에 치명적일 정도로 심각하게 경험되기 때문이다.

최근 몸 관리를 둘러싸고 강박적인 양상이 두드러지게 증가하는 것 역시 이러한 맥락에서 생각할 수 있다. 작은 결점이라도 당사자에게는 그것이 극대화되어 전체 '자아이미지(self-image)'로 환원되며 왜곡된 방식으로 자아정체성을 형성한다. 따라서 그것은 반드시 실행 전략에 의해 관리되지 않으면 안 된다.

5. 결론

우리는 몸 관리가 일상화된 시대에 살고 있다. 더욱 젊고 건강한 몸, 날씬한 몸, 또는 섹시한 몸을 목표로 삼고 있다. 효과적이고 합리적인 수단을 찾아 계획적이고 체계적으로 자신의 몸을 관리하는 개인들에게 몸 관리는 관심 깊은 프로젝트이다.

관리되는 인간의 몸은 더 이상 고정된 본질적인 속성을 갖는 자연적 실체로 인식되지 않는다. 몸은 시간과 금전을 투자해서 끊임없이 재구성해야 할 대상으로 설정되고 있다. 자아를 표현하는 대표적인 수단으로 부각되고 있다. 몸의 기능과 형태는 노력여하에 따라 얼마든지 개조와 개선이 가능한 대상이라는 믿음이 확산되고 있다.

앞에서 90년대 전후의 몸 관리 양상에서부터 다이어트와 성형에 대해 살펴보았다. 이어 몸 관리 메커니즘을 통해 매체를 통한 몸 관리의 결점과 실행의 내용을 짚어보았다.

몸 자체의 중요성 못지않게 몸 관리라는 사회적 현상에서 중요하게 부각되는 특징적인 경향은 몸의 일상적 관리에 대한 강조이다. 관리가 중요하게 부상하는 것은 몸이 개인에 의해 통제되어야할 대상이며 개인적 행위의 문제와 결부됨을 의미한다. 즉 몸의 상태가 개인의 관리행위의 산물로 여겨짐으로써 일상적으로 몸을 의식하고 관심을 가져야하며 개인의 삶의 방식이나 습관, 태도 등도 몸 관리를 중심으로 구성되거나 판단되어야 한다는 것이다.

몸 관리는 한 때의 유행으로 그치는 것이 아니다. 다이어트를 위해 헬스장에서 체계적이고 꾸준한 노력을 경주하는 것은 이제 현대인의 생활 패턴이 되었다. 요즘은 헬스장이 요가, 스포츠댄스, 스쿼시, 에어로빅, 통합 레저스포츠센터로 탈바꿈해서 사우나시설까지 완벽하게 갖추고 있는 곳이 많다.

얼마 전 노대통령이 처진 눈을 올리려고 지방을 제거하고 쌍꺼풀 수술을 하여 국민적 이슈가 된 적이 있었다. 대통령조차 성형수술을 당당하게 하는 시대가 되었음을 보여주는 사례이다. 그리고 최근 성형을 통해 자신의 모습을 가꿔가는 연예인을 비롯한 저명인사들의 모습이 자주 비춰지면서 성형에 대한 대중들의 인식은 급속도로 긍정적으로 바뀌고 있다.

우리는 아름다운 몸 관리를 위해 지속적인 관심을 가지고 끝없이 노력하는 추세를 자연스럽게 받아들이는 시대에 서있는 것이다. 이러한 관심이 무차별적인 외모에의 맹종으로 이어지지 않고 열등감의 극복을 통한 자아의 발현 같은 긍정적인 방향과 성숙된 추세로 나아가야 할 것이며 많은 매체들의 사려 깊은 보도도 같이 있어야 할 것으로 본다.

■ 참고문헌

단행본

송명희, 『타자의 서사학』, 푸른사상, 2004.
이거룡 외, 『몸 또는 욕망의 사다리』, 한길사, 2001.
이형식 옮김, 『이미지의 힘』, 동문선, 1995.
수잔나 D. 월터스, 『이미지와 현실사이의 여성들』, 또 하나의 문화, 1999.
존 버거, 『본다는 것의 의미』, 동문선, 1980.
크리스 쉴링, 임인숙 역, 『몸의 사회학』, 나남출판, 1993.

논문

박선웅, 「학생다운 몸의 규율과 학교 위기」, 교육사회학연구 제12권 제3호, 2002.
백은희, 「미디어의 다이어트 담론구성과 역할에 관한 연구」, 성균관대학교 석사 학위논문, 2000.
임인숙, 「한국사회의 몸 프로젝트-미용성형 산업의 팽창을 중심으로」, 『한국사회학』 제36집 3호, 2002.
_____, 「다이어트의 사회문화적 환경-여대생의 외모차별 경험과 대중매체의 몸 이미지 수용도를 중심으로」, 『한국사회학』 제38집 2호, 2004.

윤영주, 「일간지 및 여성지에 나타난 한국 여성의 다이어트 담론분석」, 서울대학교 대학원 석사학위 논문, 2000.
천선영, 「근대적 죽음 이해와 소통 방식에 대한 연구-의료인의 경우」, 『한국사회학』 제37집 1호, 2003.

브래지어의 여성의
몸에 대한 억압성

최동수

브래지어의 여성의 몸에 대한 억압성

최 동 수

1. 서론

젠더 문제라는 관점에서 우리들의 주변을 돌아보면 참으로 신기한 현상들이 많이 존재한다. 특히 옷차림에 관해서는 젠더에 따라 획일화 되어가는 사람들의 생활방식은 깜짝 놀랄 정도이다. 왜 여자들만 치마를 입는 것일까? 왜 남자들은 가슴을 드러내도 괜찮지만 여성들은 가슴을 드러내는 것이 금기시 되는 것일까? 왜 여성들은 일률적으로 모두 브래지어를 하는 것일까? 반드시 그래야만 하는 합리적인 이유가 존재하지 않는데도 모두들 이러한 이상한 일련의 사실들에 대해 의문을 제기하지 않고 당연하다는 듯이 받아들이고 또 그렇게 살아가고 있다.

현대인들이 젠더에 대해 취하는 태도는 푸코가 광기의 역사에서 서술했던, 고전주의 시대의 사람들이 광인에 대해 취했던 태도와 유사하다. 누군가가 사회적 젠더 개념에 어긋나는 행위를 할 경우에 기존의 사회적 젠더관념의 정당성에 대해 한 번이라도 비판적으로 생각해보지도 않은 채,

단지 자신들과는 '다르다'는 이유만으로 그 사람을 이상한 사람으로 타자화하게 된다. 하지만 이런 식의 사회가 계속 유지된다면 우리가 당연하다고 생각하는 젠더개념 자체에 내재해 있는, 한 쪽 성에 대한 억압적인 측면에 대해 객관적이고 비판적인 인식을 갖지 못하게 된다.

한편 브래지어를 제외한 다른 파운데이션1) 의류들(웨이스트 니퍼 등) 중 가장 착용율이 높다는 것들의 경우에도 여중생들은 특수한 경우에만, 어머니들은 외출시에만 착용하는 비율이 제일 높았다는 연구결과등을 통해,2) 거들이 상당한 미착용율이 존재하는 선택적인 파운데이션 의류3)임을 알 수 있다.

하지만 많은 연구결과4)들을 통해 볼 때 브래지어의 경우에는 성인여성의 대부분이 일상적으로 착용하고 있으며,5) 착용시간이 가장 길고 습관적으로 착용하고 있는 것으로 나타나고 있다. 또한 갈수록 브래지어의 착용 개시연령이 빨라지고 연령이나 체형에 관계없이 모든 대상자가 착용하고 있는 것으로 보고되고 있다.6) 따라서 파운데이션 의류들 중에서도 브래지어는 여성의 몸에 미치는 영향이 가장 큰 속옷이라고 해도 과언이 아닐 것이다.

하지만 기존의 학계에서 진행되고 있는 연구들의 경우 대부분의 주제가 어떻게 하면 여성의 가슴에 딱 맞는 브래지어를 만들 수 있을 것인가라는 고민에서 발생한, 가슴형태와 그에 적합한 브래지어의 치수 연구에 주

---

1) 체형의 결점을 보정하는 속옷. 브래지어, 거들, 올인원(all in one), 코르셋, 웨이스트 니퍼, 파니에
2) 최종명·박은희·심규진·김인숙, 「속옷에 대한 착용태도 및 구매실태: 청주시내 여중생과 어머니를 중심으로」, 『한국생활과학회지』7(2), 1998, p.106.
3) 손희순, 「브래지어 및 거들의 착용실태에 관한 연구」, 숙명여자대학교 논문집, 1991, pp.45-98.
4) 최종명·박은희·심규진·김인숙, 앞의 글, p.106.
5) 손희순, 김영숙, 「성인여성의 파운데이션 제품에 대한 인식과 착용에 관한 연구」, 한국패션비즈니스학회 24(3), 1998. / 박여정, 「국산 여성 기능성 파운데이션의 구매행동에 따른 상품제고에 관한 연구」, 국민대학교 전문대학원, 석사학위논문, 2001. / 박은미·임순, 「기능성 브래지어 패턴디자인 연구」, 한국의류학회지 27(3), 2003, p.120에서 재인용.
6) 윤혜경·최석철, 「brassiere의 적합성에 관한 연구」, 한국의류학회지 14(2), 1990, p.117.

력하고 있을 뿐, 여성의 몸에 대한 억압성이라는 측면에서 브래지어 착용 실태와 그 효과들을 고찰한 논문은 부족한 것이 현실이다.

2. 본론

1) 브래지어가 신체에 미치는 영향

(1) 브래지어와 건강

① 기존의 학설에 대한 개괄 및 한계점 지적

현대 여성들의 속옷 문화를 살펴보면 여성들의 브래지어 착용은 팬티를 입는 것만큼 당연한 것으로 간주되고 있다. 그렇다면 과연 브래지어는 팬티처럼, 건강과 큰 상관이 없는 아니 오히려 위생학적으로 바람직한 효과를 가져오는 속옷의 일부로 분류될 수 있는 것일까?

피복위생학의 측면에서 보았을 때 브래지어의 피복압은 낮고, 자세에 의한 압의 변화가 적어 큰 문제는 없다고 한다.[7] 또한 한국여성의 경우 실제 착용하고 있는 브래지어 사이즈(size)와 산출된 사이즈(size)와의 일치 여부를 조사해본 결과 90.4%가 자신의 체위와 체형에 맞지 않는 부적합한 브래지어(brassiere)를 착용하고 있는 것으로[8] 보고하고 있다. 다시 말해 피복압에 의한 장해보다는 체형에 맞지 않는 것을 착용함에 따라 나타나는 심리적, 육체적 장해가 더 많다는 것이다.[9] 따라서 여성들이 자신의 체형에 맞는 브래지어를 공급받을 수 있기만 한다면 브래지어가 건강상 미치는 위해란 극히 적을 뿐일 것이라는 것이 학계의 주된 입장으로 보인다.

브래지어는 체형에 맞지 않는 것을 착용하는 것만으로도 인체에 다양

---

7) 윤혜경·최석철, 앞의 글, p.118 재인용.
8) 위의 글, p.118 재인용.
9) 위의 글, p.118.

한 폐해를 낳게 된다. 브래지어의 어깨끈이 너무 팽팽하게 되면 어깨가 결리게 되며, 심한 경우 두통까지 유발하게 된다. 이러한 증상은 출산경험이 있는 여성이나 유방이 비대하게 발달된 여성에게서 자주 발견되는 현상이다.

또한 컵(cup)의 밑 부분이 안정되지 않거나 고리의 위치가 견갑골 위로 올라가 있으면 브래지어의 중앙이 뜨게 된다. 그리고 그것은 유방이 아래로 쳐지는 원인이 되며, 뿐만 아니라 유방의 크기에 비해 팔이 굵어지는 결과를 낳기도 한다. 반대로 유방보다 컵(cup)의 크기가 너무 크면 유방의 유동이 심해져서 편평한 유방이 되기 쉽다고 한다.[10]

체형에 적합하지 않은 속옷을 입었다는 이유만으로 이처럼 수많은 폐해를 낳는 브래지어가 어쩌다가 여성들이 필수적으로 입어야 하는 속옷으로 자리 잡게 되었는지가 참으로 의문스러운 것이 사실이다. 하지만 더욱 심각한 문제인 것은 과연 한국인 여성의 체형에 적합한 브래지어가 공급되어 여성들이 자신의 가슴에 맞는 브래지어를 선택할 수 있게 되었다고 가정했을 때, 그 때에는 브래지어와 관련한 모든 건강 문제가 해결될 수 있는 것일까?

② 일반 브래지어가 건강에 끼치는 위해

브래지어 등 파운데이션 의류에 의한 의복압은 오래전부터 이상압으로 간주되어져 왔다. 그에 따른 장해의 예로는 브래지어 등의 압력에 의한 내장기관의 위치 및 형태의 변화, 호흡·순환 등의 생리적 기능의 장해, 혈행장해, 척추만곡, 복근의 퇴행, 자각적 피로도 상승 등이 지적되고 있다.[11] 브래지어 등 파운데이션 의류가 신체에 미치는 영향을 근전도 조사,

---

10) 위의 글, p.118 재인용.
11) 심부자·최선희, 「의복의 구속성에 관한 연구(Ⅲ)-파운데이션의 의복압과 근활동과의 관계를 중심으로」, 한국의류학회지 17(2), 1993, p.198.

의복압 조사 등을 통해 측정해본 결과에서도 인체를 정돈하고 아름답게 보이기 위해 착용하는 파운데이션 의류는 인체의 생리적, 정신적 측면에서 일종의 스트레스 인자가 될 수 있다고 조사되었다.[12]

또한 브래지어와 유방암과의 관계를 처음으로 공론화한 미국의 의학인류학자인 시드니 로스 싱어와 그의 아내 소마 그리스마이저의 저서 '죽음에 이르는(Dressed to Kill)'에서는 하루 24시간 브래지어를 착용하는 여성의 유방암 발병률은 브래지어를 전혀 착용하지 않는 여성보다 125배나 된다고 보고하고 있다.[13]

윤혜경·최석철의 연구에서는 브래지어를 장시간 착용하는 여성들의 신체부위 중 특히 가슴둘레의 겨드랑이 부위를 브래지어가 심하게 구속하고 있는 것으로 판명되었다. "브래지어(brassiere)는 장기간 습관적으로 착용하고 있는 파운데이션(foundation)"[14]이기 때문에 이와 같은 브래지어 날개부분의 피부변형은 브래지어에 의한 다른 부분에 대한 피부변형과 함께 장시간 변형부위를 구속하게 된다. 그리하여 착용자에게 구속감을 주고 마찰로 인한 피부장해를 일으킬 수 있는 것으로 지적되었다.[15]

뿐만 아니라 박영득의 연구[16]에 따르면 X-ray 촬영을 통해 관찰해 본 결과, 브래지어 착용 시 흉박의 가로길이가 감소했으며 심장의 크기도 미약하나마 감소하는 경향이 있다는 사실을 확인하였다. 혈압 측정에 의한 결과에서는 혈압이 감소되었다. 또한 심전도 및 맥박 측정에 의한 결과에서도 심박간격이 단축되었으며 맥박수도 감소되는 경향을 나타내었다.

---

12) 위의 글, p.205.
13) Singer S,R and Grismaijer S., "Dressed to Kill", Avery Pub Group, 1995.
  임지영, 「브래지어의 착용감 개선을 위한 착용실태 조사」, 한국의류산업학회지 6(4), 2004, p.455 재인용.
14) 윤혜경·최석철, 앞의 글, p.126.
15) 위의 글, p.126.
16) 박영득, 「Brassiere 착용조건에 따른 신체의 형태적 생리적 변화에 관한 실험적 연구」, 대한가정학회지, 29(1), 1991.

따라서 브래지어의 착용이 인체기능에 심각한 해를 끼치는 결과는 나타나지 않았으나 장시간 착용 시에는 흉부에 가벼운 압박감을 받을 것으로 사료되어진다고 하였다. 그리하여 브래지어의 24시간 착용에 따른 신체의 적응을 완화하기 위한 방도가 모색되어야 하며, 적어도 휴식시간이나 휴면시의 미착용을 위한 교육 등이 행해져야 될 것이라고 하였다.

③ 보정 브래지어가 건강에 끼치는 위해

한편 일반 브래지어가 아니라 체형보정기능이 좀 더 강화된 보정 브래지어의 경우 신체에 미치는 위해는 더욱 심각해진다. 일본에서 이루어진 한 연구[17]에서는 보정 브래지어가 건강에 나쁜 영향을 미칠 수 있다는 사실을 입증해주었다. 나라여대 도쿠라 히로미교수(생활건강학)는 최근 브래지어 착용이 배변에 어떤 영향을 주는지를 조사했다. 그는 가슴을 봉긋 올려주는 '보정 브래지어'를 11~41세의 여성 7명에게 일주일간 입히고 실험을 했다. 그러자 브래지어를 착용한 여성들의 경우 일주일간은 배변량이 줄었다. 그랬다가 브래지어를 벗도록 하자 배변량이 평상시로 돌아왔다.

꼭 끼는 속옷이 왜 변비의 원인이 되는 걸까. 오사카시립대의 소네 요시아키 교수(영양제어학)의 연구에 따르면 꼭 끼는 옷을 입으면 몸에 에너지를 축적할 때 작용하는 부교감신경의 움직임이 둔해진다고 한다. 그러면 작은창자에서 음식물을 부숴 앞으로 밀어내는 힘이 약해지고 소화액의 분비도 줄어들게 된다. 이 때문에 음식물 찌꺼기가 대장에 남아있는 시간이 길어지고 배변량이 줄며 변비가 생기기 쉽다는 설명이다.

보정효과가 인정되는 브래지어 등의 피복을 착용하게 되면 긴박감, 호흡곤란, 폐활량 감소 등의 구속성장해를 일으키게 된다[18]는 것은 다른 연구결과에서도 지적되는 사실이다. 분카여대 다무라 데루코 교수팀도 브

---

17) 〈동아일보〉, 2000. 02. 25일자.
18) 윤혜경·최석철, 앞의 글, p.118.

래지어를 입은 채 잠을 자면 숙면하기 어렵다는 연구결과를 내놓았다. 뿐만 아니라 최근에는 체형 보정을 위하여 형상기억합금을 이용한 메모리 브래지어 및 다양한 소재의 기능성 볼륨-업(Push-up) 브래지어가 개발되어 사용되고 있다. 그런데 와이어가 든 브래지어를 착용한 채 잠을 자게 되면 브래지어가 정상적인 임파 흐름을 막고 산소결핍증을 일으키면서 암을 유발하게 된다는 주장이 등장하고 있다.[19]

(2) 브래지어의 체형보정효과

① 실증적으로 입증된 효과

브래지어에 체형보정효과가 있다는 것은 기존의 연구들을 통해 어느 정도 실증적으로 드러나고 있다. 윤혜경·최석철의 연구에 따르면 브래지어를 착용함으로써 유두고(高), 하부가슴고(高), 상부가슴둘레, 가슴둘레 및 유방의 깊이가 증가하고, 하부가슴둘레, 유두간 폭, 컵(cup)수평둘레가 감소하게 된다고 한다.[20]

하지만 그 효과가 얼마나 큰 지 그 정도에 대해서는 연구결과를 접하는 사람들에 따라 다르게 평가할 수 있는 여지가 보인다. 박영득의 연구에서는 브래지어의 체형보정효과가 매우 크다고 평가했지만 필자가 조사 자료를 바탕으로 판단하기엔 그리 커 보이지 않았다. 필자 주변의 여대생들에게 설문조사한 결과에서도 브래지어의 체형보정효과에 대한 대부분의 응답은 '그리 크지 않다' 는 것이었다.

② 유방의 견신력에 대한 논의

지금까지의 국내 학계 보고와 브래지어 제조업체에서는 유방조직은 자체적인 견신력이 없기 때문에 30세 이후에 유방을 그대로 방치해두면 1년

---

19) 임지영, 앞의 글, p.455.
20) 윤혜경·최석철, 앞의 글, p.128.

에 1-2cm씩 아래로 처지게 된다고 보고하고 있었다.[21] 이처럼 유방자체의 견신력을 부정하는 학설 하에서는 아동기 후기의 여성들이 브래지어의 착용을 기피할 경우, 유방 조직에 견신력이 없어 가슴이 처지게 된다는 주장[22]이 힘을 얻게 된다. 그리하여 브래지어만이 여성의 가슴이 처지는 것을 막을 수 있다는 식으로 브래지어의 효용성만이 강조되게 된다.

그러나 근래의 의학계에서는 유방이 처지는 이유를 유방을 구성하고 있는 지방과 조직(tissue)의 비율이 변화하기 때문이라고 한다.[23] 유방은 지방 대 기타조직의 비율로 크기가 결정되는데 일반적으로 유방의 1/3은 지방조직으로 이루어져 있으며, 나머지가 유방조직이라고 한다. 유방조직이 처음 생길 때는 섬유질이 많아 딱딱하고 조직이 치밀하지만 나이가 들수록 점점 섬유질이 흡수되고 지방화 되면서 가슴이 부드러워지면서 밀도가 떨어져 탄력이 없어지고 밑으로 처지는 경향이 있다고 한다.

따라서 기존에 가슴의 견신력을 부정하던 학설과는 달리, 근래의 학설은 한의사 이유명호 씨의 주장처럼 운동을 하는 것이 빵빵한 젖가슴을 유지하는 데 브래지어를 착용하는 것보다 효과적일 수 있다는 주장을 뒷받침해준다.

한의사 이유명호의 의견[24]에 따르면 와이어란 대부분의 브래지어의 속에 설치된 쇠줄로서 속에 담긴 내용물의 구조를 기억해서 원형유지에 도움이 된다고 보통 알고 있는데 실제로 꼭 그런 것만은 아니라고 말한다. 유방의 '처짐'이나 보기 좋게 '올라붙음'의 결정은 어깨에서 유방으로 연결된 '스펜스의 꼬리'라는 근육이 한다고 한다. 또 '가슴근육'의 발달정

---

21) 고태희, 「20대 비만여성의 유방형태와 Bra 착용실태 조사연구」, 숙명여자대학교 석사학위논문, 2000, p.15.
22) 이경화b, 「초등학교 여학생의 브래지어 착용실태에 관한 연구」, 한국생활과학회지 7(1), 1998, p.148.
23) Susan. M, Love M. D. with Karen Lindsey, Dr. Susan Love's Breast Book. Perseus Book Group, 2000, p.22.
24) 〈여성신문〉 680호 2002. 06. 14.

도와 '지방'의 유무가 탄력을 결정한다고 한다.

즉 가슴 바깥쪽 45도 위에서 겨드랑이를 지나 어깨 쪽으로 지나가는 근육이 중요한 역할을 한다는 것이다. 남자 운동선수들의 여자 못지않은 빵빵한 젖가슴 살은 바로 이런 이유 때문이라고 한다. 그러므로 운동을 통해 형성한 탱탱한 근육이 중요하지 가슴의 밑에서 쇠심을 가로지르는 것은 크게 상관없다고 한다. 또한 이유명호는 브래지어를 할 경우 오히려 가슴 근육들의 브래지어 의존력이 커져서 장기적으로는 가슴이 더 빨리 처지게 될 가능성이 크다고 주장하는데, 이 주장의 타당성이 확실히 입증될 경우 브래지어의 체형보정기능의 신뢰성은 많이 약화되게 된다.

2) 브래지어 착용에 대한 여성들의 불만

브래지어 착용에 대한 다양한 연령대에 속하는 여성들의 불만 역시 많은 연구결과들을 통해서 드러난다. 이경화·임정란의 연구[25]에 따르면 여중생들 사이에서 브래지어의 만족도는 낮으며 답답해서 착용하지 않으려는 학생들이 20%정도나 된다. 손희순의 연구[26]에서도 서울과 성남시에 거주하는 여자 중고등학교 학생들을 설문조사한 결과 20.9%가 브래지어 착용이 불편하다고 응답했다. 그 이유로는 착용부위 답답하다, 땀 흡수가 나쁘다 등을 들었다. 또한 마른 체형의 학생들은 착용부위가 답답, 겨드랑이 밑이 조임, 호흡곤란 등의 이유로 불만을 가지고 있었다.

이는 전북지역 여자 초등학생들에 대한 이경화의 연구[27]에서도 드러난다. 대부분의 학생들이 땀흡수가 좋지 않다, 가렵다, 혹과 고리의 느낌이

---

25) 이경화·임정란, 「사춘기 소녀의 브래지어 착용실태에 관한 연구」, 대한가정학회지 12(4), 1998, pp.57-69.
26) 손희순, 앞의 글.
27) 이경화b, 앞의 글, pp.153-156.

좋지 않다는 등의 브래지어 착용에 따른 불편함을 제기하였다. 또한 브래지어를 잘 착용하지 않는 학생들에게 이유를 물었을 때 답답해서(40.4%), 피부가 가려워서(24.6%)라고 응답했다.

여대생들의 경우에도 대부분의 여성들이 24시간 브래지어를 착용하는 가운데 24시간 착용하지 않는 여성들이 일부 존재하였다. 그들에게 그 이유를 물었을 때 그 이유로는 답답해서가 대부분이었다.[28] 필자의 주변에 있는 여대생들에게 설문조사를 한 결과에서도 답답하다는 점과 끈이 흘러내린다는 점에서 대부분의 사람들이 불만을 표시했다.

윤혜경·최석철의 연구에서도 24시간 동안 브래지어를 착용한 성인여성 중 90%가 불편함을 호소하였다. 이 결과에 대해 연구자들은 브래지어의 착용자는 장시간 착용을 피함으로써 브래지어 착용으로 인한 인체의 폐해를 감소시켜야 할 것이라고 제언하였다.[29]

마지막으로 중년여성들을 상대로 한 이준옥·남윤자의 연구[30]에 따르면 브래지어 등 파운데이션 착용효과에 있어서 많은 여성들이 만족하고 있기는 했지만, 브래지어의 착용감에 대한 평가 중 가장 높은 점수를 얻었던 것이 '착용 부위가 답답하다' 였다는 사실에서도 브래지어에 대한 여성들의 불만이 드러난다.

3) 여성의 브래지어 착용의 원인

결국 브래지어는 팬티처럼 그냥 입기엔, 건강에도 좋지 않고 가슴을 세워준다는 본래의 효용 역시 논쟁점이 되고 있다. 뿐만 아니라 조사결과 다

---

28) 이경화a, 「파운데이션 의류의 착용실태에 관한 연구 1」 논문집 31(1), 원광대학교, 1992, pp.1445-1475.
29) 윤혜경·최석철, 앞의 글, pp.127-128.
30) 이준옥·남윤자, 「중년여성의 신체만족도와 파운데이션 착용태도에 관한 연구」, 복식 43호, 1999, pp. 90-91.

양한 연령의 여성들이 브래지어에 대해 많은 불만을 가지고 있는 것으로 드러나고 있다. 그렇다면 '노브라'로 활동하는 것이 편하고 건강에 좋은데도 여성들이 그렇게 하기를 꺼려하는 이유란 무엇인가? 무엇이 모든 여성들이 브래지어를 당연하게 착용하도록 강요하는 것일까?

(1) 가슴을 드러내서는 안 되는 여성

가장 중요한 이유는 다른 사람에게 함부로 가슴을 드러내서는 안 된다는 것이 정숙한 여성의 조건이 되어버렸다는 것이다. 즉 현대 사회에서 여성은 남성과는 달리 가슴을 드러내는 것이 사회적으로 금기시 되어있기 때문이다. 이에 따라 브래지어는 금기시되는 부분을 가리기 위해 정상적인 여성이라면 반드시 입어야 하는, 팬티와 같은 필수적인 속옷으로 관습화된 것이다. 따라서 개인의 미적 욕구보다 편하게 생활하고 싶어서 브래지어를 착용하기를 원하지 않는 여성의 경우에도, 정숙성에의 사회적 요구 때문에 브래지어를 착용하고 다닐 수밖에 없게 되는 것이다.

조선시대에는 대부분의 여성들이 가슴을 드러내놓고 다녔다. 이는 구한말 한국에 들어왔던 많은 선교사나 외국인들의 사진들을 통해 알 수 있다. 하지만 근대화와 함께 서구 문화가 우리나라에 퍼져나가면서 가슴은 드러내서는 안 되는 감추어야 할 신체의 부분으로 변화하게 되었다.

그리하여 오늘날에는 가슴을 드러내놓고 다니는 여성이 한 명도 없는 상황에 이르게 되었다. 제아무리 섹시하고 자유분방한 듯 보이는 스타들도 길거리에 노브라로 나선 모습을 보이지도 않는다. 이는 사회적 시선이 얼마나 큰 힘을 가지고 있는지를 알 수 있는 단적인 예이다.

따라서 아무리 집에서 자동적으로 노브라인 모든 여성들이 동조하듯, 브라는 불편하고 노브라는 편하다고 해도 노브라를 결행하는 것은 쉽지 않은 일이다. 이제 와서 모든 여성단체들이 모여서 노브라를 주장한다고 해도, 그리고 여성들이 모두 좋겠다하고 동조를 한다고 해도, 각 개인들이 손가락질 받을 위험을 안고 노브라라는 모험을 결행하는 것은 쉬운 일이 아닐 것이라는 지적은 곰곰이 생각해볼 필요가 있다.[31]

노브라일 경우 가장 문제가 되는 것은 흰 티셔츠 등을 통해 유두가 비칠 염려가 있다는 것이다. 다시 말해 젖가리개로서라도 브래지어가 필요하게 된다. 어쩌면 함부로 노브라를 시도했다가 현재의 사회적 상황에서는 과거에 있었던 미니스커트 단속 때처럼 경범죄 처벌법의 41조인 과다노출 조항에 의해 처벌을 받게 될지도 모르는 일이다.

다시 말해 여러 사람의 눈에 뜨이는 곳에서 함부로 알몸을 지나치게 내놓거나 속까지 들여다보이는 옷을 입거나 또는 가려야 할 곳을 내어 놓아 다른 사람에게 부끄러운 느낌이나 불쾌감을 준 사람으로 처벌을 받을지도 모르는 일이다. 웃어넘길 수 있는 얘기일지도 모르겠지만, 과거에 다행히 무죄판결이 나긴 했어도 94년 7월 광주에서 배꼽을 드러내는 옷차림(배꼽티)으로 한 여성이 경범죄에 기소된 적이 있었던 전례도 있는 것이 현실이다.[32]

(2) 억압적 젠더관념을 공고히 하는 사회화 과정

젠더에 의한 사회화가 가진 엄청난 힘은 이경화, 임정란의 연구[33]나 손희순의 연구[34], 이경화의 연구[35]에서 드러난다. 그들의 연구에 따르면 처음 브래지어를 시착하게 되는 사춘기 소녀들의 경우 대부분 어머니나 학교선생님 같은 주위 어른들에 의해서, 또는 친구들과의 일체감을 얻기 위해 처음 브래지어를 착용하게 된다. 필자의 주변에 있는 여성들에게 설문조사를 해본 결과에서도 모든 여성들이 주변(어머니, 선생님)의 권유로 브

---

31) 〈굿데이〉, 2001. 9. 21
32) 이상례, 「속옷미학」, 복식 제52권 1호, 2002, p.168.
33) 손희순, 앞의 글, pp.45-98.
34) 위의 글.
35) 이경화b, 앞의 글, 1998, p.153.

래지어를 시착했다고 나타났다. 다시 말해 사춘기 소녀들의 브래지어 시착은 소녀들의 주체적인 의지에 따라 자율적으로 이루어지는 것이 아니라 보이지 않는 젠더에 의한 사회적 강제로서 이루어짐을 알 수 있다.

또한 여중생들 사이에서 앞에서 봤던 것처럼 브래지어가 답답해서 착용하지 않으려는 학생들이 꽤 된다. 그럼에도 불구하고 손희정의 연구[36]에 따르면 브래지어를 미착용하는 여자 중고등학생은 1.0%밖에 되지 않는다. 또한 93.3%의 학생들이 24시간 동안 착용한다. 이는 전북지역 여자 초등학생들에 대한 이경화의 연구에서도 드러난다. 불편함을 느낌에도 불구하고 73.3%의 여학생들이 24시간 동안 브래지어를 착용한다.[37]

그들이 불편한 브래지어를 착용하는 이유는 방진효과(가슴의 흔들림을 고정시키기 위함), 유두점 등 가슴형태의 노출방지, 예의상, 습관상이었으며, 가슴을 크게 보이거나 패션을 위해 브래지어를 착용하는 경우는 없거나 극히 드문 것으로 나타났다.[38] 이를 통해 사춘기 소녀들의 의복행동요인으로 심미성(자신의 외모적 아름다움으로부터 즐거움을 얻기 위해 의복을 착용하는 행동)보다는 정숙성(신체노출을 꺼리며 사회적 규범에 적합한 복식을 착용하려는 행위)과 사회적 안정성(타인이나 준거집단과의 승인감이나 소속감을 얻기 위해 의복을 착용하는 행위)이 훨씬 더 크게 작용함을 알 수 있다.

최종명·박은희·심규진·김인숙의 연구에서는 여중생과 그녀들의 학부모들이 '신체를 자유롭게 하고 싶기 때문에 가능하다면 브래지어는 하고 싶지 않다'는 의견에 대해서 부정적인 반응을 보였다고 한다. '신체를

---

36) 손희정, 「여중고생의 파운데이션 착용현황에 관한 연구」, 원우논총 10, 1992, pp.39-83.
37) 이경화b, 앞의 글, 1998, pp.153-156.
38) 이와 관련하여 최종명·박은희·심규진·김인숙의 연구에서는 브래지어 등 파운데이션 의류를 착용하는 이유로 '몸매를 아름답게 하기 위해서'가 '가슴의 진동감소, 예의상'이라는 이유보다 약간 높게 나왔다. 하지만 이 연구결과는 예외적인 것이며 여타의 연구결과들에서는 브래지어 착용에 있어서 정숙성이 가장 큰 요인인 것으로 나타났다.

단정하게 보여주기 위해서는 약간 조이는 것은 참아야 한다' 에 대해 긍정적인 반응을 보였으며, '여름철에도 속옷을 갖추어 입어야 한다.' 는 의견에 대해서는 매우 긍정적인 반응을 보였다. 그리고 '언제나 브래지어를 하고 있지 않으면 불안하다' 는 의견에 매우 동조하는 반응을 보였다.[39] 이 연구는 젠더개념에 의한 사회화가 얼마나 그녀들의 의견에 큰 영향을 끼치는지가 잘 드러나 있다.

여대생을 대상으로 한 이경화의 연구에 따르면,[40] 대부분의 여대생들은 브래지어를 습관적으로, 가슴형태가 드러나지 않도록 하기 위해 착용한다. 여대생들의 경우에도 불편함을 느끼면서도 90%이상이 24시간 이상 브래지어를 착용한다는 결과가 나타났다. 필자의 주변에 있는 여대생들을 상대로 면담한 결과에서도 대부분이 습관적으로, 유두 노출을 방지하기 위해 브래지어를 착용하는 것으로 나타났다.

또한 성인여성의 경우에도 임지영의 연구에 따르면 브래지어 착용시간은 하루 종일 착용(66.4%), 일어나서 잠자기 전까지(21.2%), 외출 시에만(12.4%)의 순으로 거의 24시간 착용하는 것으로 나타난다. 그리고 성인여성들이 정숙성, 편의성, 심미성 순서로 속옷의 가치를 매긴다는 윤은아·이선재의 연구[41] 등은 여성의 브래지어 착용이 미적 욕구에만 기인한다는 식으로 재단하는 사회적 편견을 깨뜨리는 연구결과라 할 수 있겠다.

중년여성에 대한 이준옥·남윤자의 연구에서는 99.6%의 브래지어 착용률을 보이고 있는 중년여성들이 브래지어를 착용하는 목적으로 전체적 모양정리(34.4)와 흔들림 방지(33.7)가 제시되었다.[42] 이를 통해 물론 심미성의 요인이 크기도 하지만 정숙성이라는 목적 역시 그녀들의 브래지

---

39) 최종명·박은희·심규진·김인숙, 앞의 글, 1998, p.110.
40) 이경화a, 앞의 글, pp.1445-1475.
41) 윤은아·이선재, 「성역할정체감이 겉옷 속옷에 대한 의복행동 및 의복이미지 선호에 미치는 영향」, 한국의류학회지 24(2), 2000, p.162.
42) 이준옥·남윤자, 앞의 글, p.89.

어 착용에 크게 반영되어 있음을 알 수 있다.

이처럼 어릴 때부터 정숙함의 논리에 의해 타율적으로 브래지어 착용을 강요받아 왔기에 대부분의 여성들은 나이가 들어서도, '정숙한 여인'이 되기 위해 또는 습관적으로 계속 브래지어를 착용하게 된다. 또한 이런 식으로 모든 여성들이 어릴 때부터 타율적으로 브래지어를 착용하게 되면, '여성이라면 브래지어를 착용해야 한다'라는 논리가 보편타당한 진리로 관습화되어 모든 여성들은 브래지어를 계속 착용하지 않을 수 없게 된다.

(3) 아름다운 몸매를 강요하는 사회

앞에서 제시한 바와 같이 여성들이 브래지어를 착용하는 가장 큰 원인은 대부분의 남성들이 생각하듯이 아름다운 몸매를 소유하고 싶어서가 아니라, 젠더 개념에 의한 사회적 강제이다. 하지만 그렇다고 해도 심미적 요인 역시 여성의 브래지어 착용에 영향을 미치는 중요한 요인 중 하나라는 사실만큼은 이준옥·남윤자의 연구[43] 등에서 드러나듯이 부정할 수 없다.

이와 관련하여서는 앞에서와 같이 한국 여성의 브래지어 착용 일반화의 역사를 검토해보는 것이 현재의 젠더 관념 형성의 원인을 찾아내기 위한 계보학적 작업으로서 의미가 있다 하겠다. 한국의 경우 과거의 유교문화에서 여성 속옷의 역할 중 가장 중요했던 기능은 신체를 가리는 기능이었다. 그에 따라 정숙성이 강조된, 얇은 속옷을 겹겹이 입는 복식문화가 존재했다.

그리하여 1950년대까지만 해도 브라 착용은 일반화되지가 않았었다. 교육받은 여성들을 중심으로 일부가 착용했을 뿐이며 착용한다고 해도 외출 시에만 가끔, 여름에만 잠깐씩 외출할 때 착용했다.

하지만 인체의 미의 기준의 서양화와 함께 속옷문화도 서구식으로 바

---

43) 위의 글, p.89.

뀌어갔다. 그리하여 과거에는 가슴을 강조하지 않던 우리식 옷차림에서 복식이 서양화되며 가슴과 허리를 강조하는 서구식 미감으로 이행하게 되었다. 그리고 겉옷에 이어 속옷에 있어서도 서구식 미감이 고착화되면서 브래지어가 자리 잡게 된 것이다.[44]

하지만 여성들이 아름다운 소위 '여성적인' 몸매를 소유하기 위해 브래지어를 착용하는 것 역시 궁극적으로는 왜곡된 사회적 젠더의 소산이라고 할 수 있다. 여성의 신체만이 가지는 볼륨감, 곡선미를 살리기 위한 브래지어 착용은 일견 보기엔 여성만이 가지고 있는 고유한 아름다움을 고양시킨다는 점에서 긍정적으로 평가될 수 있을지도 모르겠다.

하지만 건강을 담보로 해야 할지도 모르는 미의 기준을 모든 여성들이 획일적으로 추구하도록 만드는 사회적 젠더 관념에는 문제가 있다고 본다. 오히려 바뀌어야 할 것은 비정상적인 몸매를 이상적인 것으로 간주하고 이를 좇도록 여성들을 강제하는 사회적 미의 기준이 아닐까?

건강을 무시한 미의 추구는 현재에도 여러 가지 방법을 통해 계속되고 있는 실정이다. 위에서 들었던 브래지어에 의한 건강장해의 사례들은 의복이 지닌 역할 중에서도 심미성 또는 신체장식성이 지나치게 강조되었던 점에서 기인한 것이라 할 수 있다.[45] 윤혜경·최석철의 연구에 따르면 대부분의 여성들이 브래지어가 인체에 압력을 가하고 있음을 느끼고 있으면서도, 가슴을 보정하고 풍성하게 보이기 위하여, 옷맵시를 좋게 하기 위하여 브래지어를 착용하고 있다.[46]

---

44) 이상례, 앞의 글, pp.164-170.
45) 심부자·최선희, 앞의 글, p.198.
46) 윤혜경·최석철, 앞의 글, p.128.

4) 우리가 취해야 할 태도

지금까지 살펴보았듯이 여성의 몸에 대한 억압적인 사회적 젠더 관념은 바뀌어야 한다. 먼저 의식적인 측면에서 브래지어의 관습화에 대한 비판적 문제 제기가 필요하다. 그리고 이를 사회적인 쟁점으로 부각시키려는 노력이 필요하다. 브래지어는 개인의 취향에 따라 선택적으로 착용하는 식이 되어야지 안 입는 것이 정숙하지 못하다는 식의 기존의 통념은 수정되어야 한다.

또한 여성의 몸에 대한 억압을 재생산해내는 기제로서 작용하는 기존의 사회화 과정에 변화가 필요하다. 어렸을 때부터 자신은 착용하고 싶지 않은데도 부모님이나 선생님들에 의해 브래지어 착용이 강요되는 현재의 사회화 과정은 변화되어야 마땅하다. 그리하여 브래지어 착용에 관한 문제에 대해 진정한 개인의 의사에 따라, 여성이 자기결정권을 행사할 수 있는 영역으로 변화하도록 만들어야 한다.

이러한 브래지어의 관습화에 대한 저항운동의 예로는 존 레논의 부인이자 예술가인 오노 요코가 자기 브래지어를 벗어 던지는 한 여성을 통해 여성의 자유를 말한 영화 〈자유 FREEDOM〉[47] 이라든지, 과거 60년대 미국 여성해방운동에서 많이 이루어진 여성의 몸매를 조이던 코르셋, 브래지어, 거들 등을 태우는 퍼포먼스, 노브라 차림으로 외출하기[48] 등을 들 수 있겠다.

또한 사회적 반향을 불러일으키기 위해 연예인들이 노브라를 유행시키는 것도 한 방편이 될 수도 있다. 얼마 전에 윤도현의 러브레터에 노브라

---

47) 〈여성신문〉 721호, 2003. 04. 04.
48) 60년대 미국에서는 노브라는 여성해방의 상징이 되었으나 우리나라에서는 50년 이후를 기점으로 브라를 착용하기 시작하여 60년대에 들어 젊은 여성들의 브라 착용이 보편화되었다는 사실은 복잡한 마음이 들게 하는 사실이다.

로 출연했던 전도현에 대해 패션지 《바자》 피처 디렉터인 김경씨는 그녀를 지지하며 '제발이지 이번 기회에 노브라 유행이 대한민국을 강타했으면 좋겠다'고 주장한다. 또한 그녀는 〈10일 안에 남자친구에게 차이는 법〉이라는 영화의 주인공이었던 케이트 허드슨이 할리우드에서 거의 유일하게 절벽 가슴을 고수하고 있는데도 인기가 많은 여배우라는 사실을 든다. 그 사례를 통해 현재의 미적 기준 내에서도 가슴이 그리 크거나 봉긋하지 않아도, 즉 '브라' 없이 티셔츠 한 장만으로도, 여성은 아름다워질 수 있다고 그녀는 말한다.[49]

하지만 그렇다고 '노브라만이 여성적인 것이다'라는 주장 역시 바람직하지 못하다. 물론 현재의 미의식이 여성억압적인 측면을 지니고 있고 이것이 개선되어야 하는 것은 사실이지만, 개인들의 아름다워지고 싶은 욕망을 부정하는 것은 새로운 억압으로 작용할 수도 있기 때문이다. 설사 자신에게 억압적인 미적 기준에 순응하는 것이라 할지라도 여성들의 미적 욕구를 억누르라고 말하는 것은 바람직하지도 못할 뿐 아니라, 욕구를 억누르라는 식의 개인적 해결책은 실현가능성이 희박하기 때문에 현실적으로도 받아들여지기 힘들다.

그렇다면 어떻게 해야 할 것인가? 이에 대해 이연희씨[50]는 '정숙한 여자라면 당연히 입어야 하니 브래지어를 입는다.'는 생각에서 '벗고 싶을 때는 편하게 벗고 입고 싶을 때는 입는다.'는 쪽으로 생각을 바꾸고 나니 자신에게 있어서 브래지어는 더 이상 속박의 의미가 아니게 되었다고 말한다. 그 후에는 브래지어가 오히려 자신을 더욱 자신 있고 당당하게 만들어 줄 수 있는 도구가 되었다고 한다.

그녀가 원하는 대로 노브라로 꼭지만 가리고 싶을 때는 꼭지 부분만 살짝 덮어주는 패드를 쓰고, 볼륨을 높여 깊게 파진 섹시한 원피스 사이로

---

49) 《한겨레 21》 503호, 2004. 04. 01.
50) 〈여성신문〉 722호, 2003. 04. 18.

젖무덤이 보이게 하고 싶을 때는 뽕브라를 사용한다고 한다. 그리고 편안하게 쉬고 싶을 때에는 노브라를 하는 식으로 말이다.

마지막으로 궁극적인 해결책으로 여성 억압적인 미의 기준에 대한 사회적 재검토와 수정이 필요하다. 가슴이나 엉덩이의 비정상적인 곡선 형태를 이상적인 미의 기준으로 설정하여 여성들을 혹사시키는 현재의 미적 관념은 비판적으로 고찰될 필요가 있다. 물론 그 대안이 무엇인가에 대한 문제는 추후의 많은 논의와 연구가 필요한 영역이라 사료된다. 하지만 적어도 현재의 관념이 문제가 있다는 점, 그리고 그것이 개선되어야 한다는 점만은 확실하다.

3. 결론

사적영역에 속하는 것으로 간주되는 것들이 여성 억압적 측면을 포함하고 있는 경우가 많다. 역시 급진적 페미니즘의 "개인적인 것은 정치적인 것이다.(The personal is the political)"라는 명제는 아직 유효한 듯하다.

여성의 브래지어 착용은 건강에도 많은 해악을 끼치며, 그 효용 역시 논쟁거리가 되고 있고, 많은 여성들이 그에 대해 불만을 가지고 있다. 그럼에도 여성들이 브래지어를 착용할 수밖에 없도록 만드는 것은 정숙한 여성을 강요하는 이 사회의 논리인 듯하다. 그리고 그것을 공고히 하는 사회화 과정과 아름다운 몸매의 여성만을 요구하는 기형적인 사회 역시 또 다른 주요한 원인들일 것이다.

이런 점에서 여성들의 획일적인 브래지어 착용은 사회적 젠더에 의한 여성에 대한 억압으로서의 측면이 강해 보인다. 특히 억압적인 측면 중에서도 가장 사적인 부분으로 치부되는 여성의 몸과 관련한 일상적 억압의 기제로서의 성격이 강하게 나타난다 하겠다.

현대 사회를 살아가는 여성이 기존의 여성 억압적 미적 욕구를 갖게 되는 것은 어찌 보면 당연한 결과이다. 사회적으로는 남성들의 시선뿐만 아니라 같은 여성들의 시선에서조차도 못생긴 여성은 멸시의 대상이 된다는 점에서 그러하다. 뿐만 아니라 못생긴 여성은 놀림의 대상이 되고 사회활동을 해 나가는데 있어 엄청난 차별과 스트레스를 받게 된다는 점에서 그러하다. 개인적으로도 서구 모델들을 보며 아름답다고 느끼는 욕망 역시 이 사회에서 사회화된 여성이라면 누구나 당연히 갖게 되는 것일 것이다.

따라서 일단은 우선적으로는 브래지어를 정숙성을 위한 당연한 속옷으로부터 탈피시키는 것이 중요하다. 그럼으로써 자신의 미적 욕구를 만족시키고 싶을 때만 입어도 되도록, 다시 말해 개인이 자신의 자기결정권을 행사하는 데 걸림돌이 없도록 만들어야 할 것이다. 그렇다면 어떤 식으로 해야 모든 여성들이 자신이 원할 때 노브라로 외출할 수 있는 사회를 만들어 낼 수 있을 것인가?

궁극적으로는 미적 관념의 변화를 통해 크고 처지지 않은 가슴을 지나치게 강조하는 문화를 없앰으로써 여성들이 아름답게 보이고자 하는 자발적 욕구에 의해 자신을 억압하지 않으면 안 되는 일이 없도록 해야 할 것이다.

■ 참고문헌

단행본

김성호, 『포르노를 해부한다』, 한림미디어, 1999.
송명희, 『문학과 성의 이데올로기』, 새미, 1994.
＿＿＿, 『여성해방과 문학』, 지평, 1988.
＿＿＿, 『타자의 서사학』, 푸른사상, 2004.
＿＿＿, 『탈중심의 시학』, 새미, 1998.
심정순, 『여성의 눈으로 본 섹슈얼리티와 대중문화』, 동인, 1999.
이거룡 외, 『몸 또는 욕망의 사다리』, 한길사, 2001.
장(윤)필화, 『여성·몸·성』, 또 하나의 문화, 1999.
수잔나 D. 월터스, 김현미 역, 『이미지와 현실사이에서의 여성들』, 또 하나의 문화, 1999.
아네트 쿤, 이형식 역, 『이미지의 힘』, 동문선, 2001.
존 버거, 박범수 역, 『본다는 것의 의미』, 동문선, 2000.
크리스 쉴링, 임인숙 역, 『몸의 사회학』, 나남출판, 2003.

논문

고태희, 「20대 비만여성의 유방형태와 Bra 착용실태 조사연구」, 숙명여자대학교 석사학위논문, 2000.

김용숙,「기혼여성의 신체 만족도와 의복 만족도에 관하여」, 대한 가정학회지 24(3), 1986.

박여정,「국산 여성 기능성 파운데이션의 구매행동에 따른 상품제고에 관한 연구」, 국민대학교 전문대학원, 석사학위논문, 2001.

박영득,「Brassiere 착용조건에 따른 신체의 형태적 생리적 변화에 관한 실험적 연구」, 대한가정학회지 29(1), 1991.

박은미·임순,「기능성 브래지어 패턴디자인 연구」, 한국의류학회지 27(3), 2003.

손희순,「브래지어 및 거들의 착용실태에 관한 연구」, 숙명여자대학교 논문집, 1991.

손희순·김영숙,「성인여성의 파운데이션 제품에 대한 인식과 착용에 관한 연구」, 한국패션비즈니스학회 24(3), 1998.

손희정,「여중고생의 파운데이션 착용현황에 관한 연구」, 원우논총 10, 1992.

심부자·최선희,「의복의 구속성에 관한 연구 (Ⅲ) -파운데이션의 의복압과 근활동과의 관계를 중심으로」, 한국의류학회지 17(2), 1993.

윤은아·이선재,「성역할정체감이 겉옷 속옷에 대한 의복행동 및 의복이미지 선호에 미치는 영향」, 한국의류학회지 24(2), 2000.

윤혜경·최석철,「brassiere의 적합성에 관한 연구」, 한국의류학회지 14(2), 1990.

이경화a,「파운데이션 의류의 착용실태에 관한 연구 1」, 논문집 31(1), 원광대학교, 1992.

이경화b,「초등학교 여학생의 브래지어 착용실태에 관한 연구」, 한국생활과학회지 7(1), 1998.

이경화·임정란,「사춘기 소녀의 브래지어 착용실태에 관한 연구」, 대한가정학회지 12(4), 1998.

이상례,「속옷미학」, 복식 제52권 1호, 2002.

이준옥·남윤자,「중년여성의 신체만족도와 파운데이션 착용태도에 관한 연구」, 복식 43호, 1999.

임지영,「브래지어의 착용감 개선을 위한 착용실태 조사」, 한국의류산업학회지 6(4), 2004.

최종명·박은희·심규진·김인숙,「속옷에 대한 착용태도 및 구매실태: 청주시내 여중생과 어머니를 중심으로」, 한국생활과학회지 7(2), 1998.

Singer S.R and Grismaijer S., "Dressed to Kill", Avery Pub Group, 1995.

Susan. M, Love M. D. with Karen Lindsey, Dr. Susan Love's Brea st Book. Perseus Book Group, 2000.

신문기사

굿데이(2001.9.21) http://www.goodday.co.kr

동아일보(2000.2.25) http://www.donga.com

여성신문(680호 2002.6.14, 721호 2003.4.4, 722호 2003.4.18) http://www.womennews.co.kr

한겨레21(503호 2004.4.1) http://h21.hani.co.kr

이상례, 「속옷미학」, 복식 제52권 1호, 2002.

이준옥·남윤자, 「중년여성의 신체만족도와 파운데이션 착용태도에 관한 연구」, 복식 43호, 1999.

임지영, 「브래지어의 착용감 개선을 위한 착용실태 조사」, 한국의류산업학회지 6(4), 2004.

최종명·박은희·심규진·김인숙, 「속옷에 대한 착용태도 및 구매실태: 청주시내 여중생과 어머니를 중심으로」, 한국생활과학회지 7(2), 1998.

Singer S.R and Grismaijer S., "Dressed to Kill", Avery Pub Group, 1995.

Susan. M, Love M. D. with Karen Lindsey, Dr. Susan Love's Brea st Book. Perseus Book Group, 2000.

신문기사

굿데이(2001.9.21) http://www.goodday.co.kr

동아일보(2000.2.25) http://www.donga.com

여성신문(680호 2002.6.14, 721호 2003.4.4, 722호 2003.4.18) http://www.womennews.co.kr

한겨레21(503호 2004.4.1) http://h21.hani.co.kr

젠더와 권력 그리고 몸

2007년 9월 25일 1판 1쇄 발행
2008년 8월 15일 1판 2쇄 발행

지은이 송명희/여성연구회
펴낸이 한 봉 숙
펴낸곳 푸른사상사

등록 제2-2876호
주소 서울시 중구 을지로3가 296-10 장양B/D 701호
대표전화 02) 2268-8706(7) **팩시밀리** 02) 2268-8708
메일 prun21c@yahoo.co.kr / prun21c@hanmail.net
홈페이지 //www.prun21c.com
ⓒ 2007, 송명희/여성연구회
ISBN 978-89-5640-575-9
값 13,000원